Introduction to Traffic Equipment and Control Engineering

交通设备与控制工程
专业导论

蔡志理　高　超　李　炜　编　著
刘小明　主　审

人民交通出版社股份有限公司
China Communications Press Co.,Ltd.

内 容 提 要

本教材紧密结合交通设备与控制工程专业特点并依据人才培养方案的要求,从专业基础与课程体系、专业主要课程与技术理论、专业应用案例和创新创业4个层面进行讲述。全书共分9章,包括概论、公共基础知识理论、基本技能与工具、交通背景知识、硬件集成技术、软件开发技术、智能交通系统集成、典型的专业应用实例、大学生创新创业与成长。

本书适用于交通设备与控制工程本科专业大学一年级学生、智能交通系统领域的本专科学生以及智能交通系统领域的专业技术人员。

图书在版编目(CIP)数据

交通设备与控制工程专业导论 / 蔡志理,高超,李炜编著. — 北京:人民交通出版社股份有限公司,2019.6

ISBN 978-7-114-15682-3

Ⅰ. ①交… Ⅱ. ①蔡… ②高… ③李… Ⅲ. ①交通工程学—教材 Ⅳ. ①U491

中国版本图书馆 CIP 数据核字(2019)第 139049 号

书　　名:	交通设备与控制工程专业导论
著 作 者:	蔡志理　高　超　李　炜
责任编辑:	郭红蕊　郭晓旭
责任校对:	孙国靖　扈　婕
责任印制:	张　凯
出版发行:	人民交通出版社股份有限公司
地　　址:	(100011)北京市朝阳区安定门外外馆斜街 3 号
网　　址:	http://www.ccpress.com.cn
销售电话:	(010)59757973
总 经 销:	人民交通出版社股份有限公司发行部
经　　销:	各地新华书店
印　　刷:	北京印匠彩色印刷有限公司
开　　本:	787×1092　1/16
印　　张:	10
字　　数:	237 千
版　　次:	2019 年 6 月　第 1 版
印　　次:	2019 年 6 月　第 1 次印刷
书　　号:	ISBN 978-7-114-15682-3
定　　价:	30.00 元

(有印刷、装订质量问题的图书由本公司负责调换)

前言

对于刚刚迈入大学校门的新生来说,他们对自己所学专业的专业内涵、培养目标、课程设置与体系结构、实践环节以及应具备的专业能力等普遍都知之甚少。在这种情况下,如果我们事先没有开设专业导论类的综述课程,而贸然在大二后直接安排学生进入专业课程的学习,那么往往会使诸多学生陷入两大"盲区":一是对所开设的各门课程不甚了解,不知为什么学和怎样学,因而处于一种混沌状态,缺乏学习目标、热情和动力;二是部分学生在大学的学习过程中只知学习单一课程的理论和知识,而不了解专业全貌和整体结构的状况,也就是"只见树木,不见森林"。因此,撰写一本能覆盖整个交通设备与控制工程专业课程体系与培养方案的专业综述教材——专业导论十分必要,同时在大学伊始阶段面向全体专业学生开设这门专业导论课则更为重要。

专业导论课是一门专业基础认知课程,它主要介绍本专业的发展、专业形成及浅显的知识,一般是科学概述等,是一个由浅入深的过程,主要为后续的专业学习做好铺垫。专业导论有益于帮助高校学生尽早地了解和认识所学专业的内涵特点、专业与社会经济发展的关系、专业涉及的主要学科知识和课程体系、专业人才培养基本要求等,对于帮助学生养成专业兴趣爱好,把控专业学习方向与脉络,掌握专业学习方法乃至规划大学学业甚至未来人生职业生涯都具有很好的指导作用。交通设备与控制工程专业导论具有引导性、概括性和前沿性等特点。其引导性表现为两个方面:一是引导学生逐步加深对专业知识、课程体系和实践环节等的认知程度;二是引导学生逐步建立专业思维模式,掌握专业学习方法。

本专业导论教材紧密结合专业特点并依据人才培养方案的要求,从专业基础与课程体系、专业主要课程与技术理论、专业应用案例和创新创业4个层面进行讲述。全书共分9章,包括概论、公共基础知识理论、基本技能与工具、交通背景知识、硬件集成技术、软件开发技术、智能交通系统集成、典型的专业应用实例、大学生创新创业与成长。本教材的宗旨就是为学生提供一个了解本专业的平台,帮助那些刚刚进入高校大门的学生对所学专业进行解读,重点回答该专业是什么、为什么要学习该专业、该专业应学些什么内容、怎么才能学好该专业(学习方法指导)以及应做什么(就业规划)或达到什么学习目标等一系列问题。

本教材基于作者多年的专业教学经验和应用实践编写而成,突出了导论的概要性、系统性和全面性的特点,力争做到内容充实,重点突出,通俗易懂,简明扼要,实例新颖,力求给读者一种全新的视角和有效的引导作用。

本教材适用于24~32学时的交通设备与控制工程专业导论课程教学,其中理论讲授18

学时或 26 学时,认识实验 4 学时,机动 2 学时,可作为全日制高等院校本科交通设备与控制工程专业及相关专业的教材,也可供智能交通、城市轨道交通、公路与城市道路等专业选用,还可供从事交通设备与控制工程、智能交通和市政工程的技术人员及自学者参考。

全书由山东交通学院蔡志理、高超和李炜编著,由北方工业大学刘小明教授主审。在本书编写过程中,得到了北方工业大学、南通大学、哈尔滨工业大学、长安大学、重庆交通大学、西北工业大学、攀枝花学院、同济大学、北京工业大学、大连理工大学、东北林业大学、华北理工大学、合肥工业大学、太原理工大学、南京工程学院等兄弟院校的大力支持与帮助,山东交通学院交通与物流工程学院张萌萌院长/博士/教授、刘廷新书记/教授、张永杰教授、陈海泳书记/副教授、陈建岭副院长/博士/副教授等给予了很大的支持与指导,山东交通学院的冯海霞博士/副教授、张萌博士/副教授、代洪娜老师、李鸣老师、郭亚娟博士和李甜博士等以及吴鲁香、韩笑等同学参加了书稿的校对工作,在此表示衷心的感谢。同时,对本书参考文献中的书籍作者及所有对本书给予支持和帮助的老师和朋友们一并表示真挚的谢意!

鉴于作者的水平有限,书中难免有疏漏或不妥之处,敬请读者批评指正。

作 者
2019 年 4 月 16 日

第一部分 专业基础与课程体系

第1章 概论 ··· 3
  1.1 交通设备与控制工程的概念 ··· 3
  1.2 交通设备与控制工程专业的形成与发展过程 ································· 6
  1.3 交通设备与控制工程专业的培养目标与特色 ································· 12
  1.4 交通设备与控制工程专业的课程结构与体系 ································· 14
  1.5 怎样学好交通设备与控制工程专业 ··· 27
  本章小结 ·· 28
  练习与思考题 ·· 28

第二部分 专业主要课程与技术理论

第2章 公共基础课——公共基础知识理论 ······································· 31
  2.1 政治理论基础与道德修养 ··· 31
  2.2 军事理论与体育 ··· 31
  2.3 专业基础知识与理论 ··· 32
  本章小结 ·· 33
  练习与思考题 ·· 33

第3章 学科基础课——基本技能与工具 ··· 34
  3.1 专业基础的认知——交通设备与控制工程专业导论 ······················· 34
  3.2 工程师的语言——工程制图和交通工程 CAD ······························· 35
  3.3 电工学与电子技术的基础——电工与电子技术 ······························ 42
  3.4 现代管理学的重要基础——运筹学 ··· 44
  3.5 研究技术领域经济问题和规律的科学——交通经济学 ···················· 46
  3.6 结合专业特点的语言工具——专业外语 ······································· 47
  本章小结 ·· 48
  练习与思考题 ·· 48

第4章 专业支柱之一——交通背景知识 ··· 49
  4.1 交通工程学科与发展的基础理论——交通工程学 ·························· 49

4.2 交通设施选址、配设等领域的学科——交通规划 … 62
4.3 道路的规划、设计、施工、养护与管理——道路工程 … 64
4.4 交通效益与安全的科学优化管理——交通管理与控制 … 65
4.5 道路交通的基础设计——交通设计 … 72
4.6 交通设施的综合设计——交通工程设施设计 … 73
4.7 智能交通系统的核心技术——交通信息技术 … 74
4.8 电子的交通警察——交通监控系统 … 82
本章小结 … 83
练习与思考题 … 84

第5章 专业支柱之二——硬件集成技术 … 85
5.1 交通的智能化发展——智能交通系统 … 85
5.2 深入理解电子计算机——操作系统 … 89
5.3 硬件开发的核心课程——交通控制单片机 … 91
5.4 现代通信技术在交通中的应用——交通通信网 … 92
5.5 交通的"感觉器官"——交通传感技术 … 95
5.6 现代控制技术的基础——自动控制原理 … 97
5.7 第三次工业技术革命的代表——计算机网络 … 99
本章小结 … 100
练习与思考题 … 101

第6章 专业支柱之三——软件开发技术 … 102
6.1 实用的程序设计语言——面向对象程序设计 … 102
6.2 程序设计的深入领悟——数据结构与算法分析 … 104
6.3 交通大数据处理的基础——交通信息数据库 … 106
6.4 交通虚拟与可视化的工具——交通仿真 … 109
6.5 交通电子地图的基础工具——地理信息系统 … 111
本章小结 … 112
练习与思考题 … 112

第7章 系统集成与开发应用平台——智能交通系统集成 … 113
7.1 课程介绍 … 113
7.2 课程主要内容 … 114
7.3 课程学习目标 … 114
本章小结 … 114
练习与思考题 … 114

第三部分 专业应用案例

第8章 典型的专业应用实例 … 117
8.1 城市道路交通电子警察管理系统 … 117
8.2 城市道路交通信号控制系统 … 124

8.3　不停车收费系统 ⋯⋯⋯⋯⋯⋯⋯⋯⋯⋯⋯⋯⋯⋯⋯⋯⋯⋯⋯⋯⋯⋯⋯⋯⋯⋯⋯⋯ 130
8.4　道路交通仿真系统 ⋯⋯⋯⋯⋯⋯⋯⋯⋯⋯⋯⋯⋯⋯⋯⋯⋯⋯⋯⋯⋯⋯⋯⋯⋯⋯ 137
　本章小结 ⋯⋯⋯⋯⋯⋯⋯⋯⋯⋯⋯⋯⋯⋯⋯⋯⋯⋯⋯⋯⋯⋯⋯⋯⋯⋯⋯⋯⋯⋯⋯⋯ 142
　练习与思考题 ⋯⋯⋯⋯⋯⋯⋯⋯⋯⋯⋯⋯⋯⋯⋯⋯⋯⋯⋯⋯⋯⋯⋯⋯⋯⋯⋯⋯⋯⋯ 142

第四部分　创　新　创　业

第 9 章　大学生创新创业与成长 ⋯⋯⋯⋯⋯⋯⋯⋯⋯⋯⋯⋯⋯⋯⋯⋯⋯⋯⋯⋯⋯⋯ 145
9.1　大学生职业生涯规划 ⋯⋯⋯⋯⋯⋯⋯⋯⋯⋯⋯⋯⋯⋯⋯⋯⋯⋯⋯⋯⋯⋯⋯⋯ 145
9.2　创业指导 ⋯⋯⋯⋯⋯⋯⋯⋯⋯⋯⋯⋯⋯⋯⋯⋯⋯⋯⋯⋯⋯⋯⋯⋯⋯⋯⋯⋯⋯ 146
9.3　就业指导 ⋯⋯⋯⋯⋯⋯⋯⋯⋯⋯⋯⋯⋯⋯⋯⋯⋯⋯⋯⋯⋯⋯⋯⋯⋯⋯⋯⋯⋯ 147
　本章小结 ⋯⋯⋯⋯⋯⋯⋯⋯⋯⋯⋯⋯⋯⋯⋯⋯⋯⋯⋯⋯⋯⋯⋯⋯⋯⋯⋯⋯⋯⋯⋯⋯ 148
　练习与思考题 ⋯⋯⋯⋯⋯⋯⋯⋯⋯⋯⋯⋯⋯⋯⋯⋯⋯⋯⋯⋯⋯⋯⋯⋯⋯⋯⋯⋯⋯⋯ 148

参考文献 ⋯⋯⋯⋯⋯⋯⋯⋯⋯⋯⋯⋯⋯⋯⋯⋯⋯⋯⋯⋯⋯⋯⋯⋯⋯⋯⋯⋯⋯⋯⋯⋯⋯ 149

第一部分

专业基础与课程体系

第1章 概 论

本章学习目标

主要讲述交通设备与控制工程的概念、专业的形成与发展过程、专业的培养目标与特色、课程的结构与体系以及对该专业课程学习的几点要求等内容。通过本章的学习,应重点掌握以下内容:
- ★ 交通设备与控制工程的概念
- ★ 专业的培养目标与特色
- ★ 专业课程结构与体系
- ★ 对该专业学习的基本要求

交通设备与控制工程专业是隶属于交通运输类的一个专业,是为了适应交通的智能化、智慧化而发展起来的一门新兴专业。该专业具有系统理论和实践并重和多学科交叉的特点。由于科学技术的不断发展以及一系列前沿交叉学科在交通运输领域的应用,这种交叉与融合的趋势逐渐淡化了各传统专业学科之间的界限。同时,每一所高校的交通设备与控制工程专业都具有自身的发展历史和演变过程,因而各自定位不同,各具特色。本书将在分析各高校该专业办学共性的基础上,结合部分高校的实际特点进行讲述。

1.1 交通设备与控制工程的概念

1.1.1 什么是交通设备与控制工程

交通设备与控制工程(Traffic Equipment and Control Engineering)专业主要面向新一代智能交通系统,运用交通、电子、信息、计算机和控制等多学科的基本理论和技术,研究和解决交通运输领域中信息采集、数据处理、交通控制、自动驾驶等系列问题。

交通设备与控制工程,从表层上显而易见包含两层含义:一是交通设备,二是控制工程。而从实质上看,该专业的核心内容却突出强调的是信息技术在交通设备与控制中的应用,其中包括交通设备的信息化设计、制造、维护以及交通设备自身通过一系列先进的控制技术和手段来实现对其安全性、智能性和可操作性等有效提升。

交通设备与控制工程专业是为了适应我国交通运输行业高速发展需要而开设的一个专业,主要培养适应于国家交通运输设备现代化建设和未来社会与科学发展需要,具备交通设备与控制工程及机电技术方面专业基础知识与应用能力,富有创新精神、实践能力的高素质复合型人才,能在交通设备及其相关领域从事科学研究、技术开发、设计制造、运营维护、生产经营、教学等方面的工作。

1.1.2 交通设备与控制工程专业设置的目的和意义

(1) 开设交通设备与控制工程专业的必要性

截至 2018 年底,我国公路总里程达 484.65 万公里,公路密度为 50.48 公里/百平方公里,公路技术等级进一步提高,交通基础设施网络日益完善,其中高速公路总里程已达 14.26 万公里,位居世界第一位。按国家高速公路网规划,到 2020 年基本建成通车总里程达 10 万公里的国家高速公路网。

随着经济、社会和技术的发展,国内交通机电装备行业高速发展,越来越多的先进装备应用于道路与轨道交通、车辆和运营管理等方面,特别是近年来智能交通系统(Intelligent Transport System,简称 ITS)行业的发展,推动了交通机电设备技术水平和信息化水平不断提高,扩大了其在道路交通领域各方面中的应用,包括信号优化、电子不停车收费系统(Electronic Toll Collection,简称 ETC)管理、道路安全设施、服务区智能化提升以及各种交通智能化管理等。为了满足交通现代化建设和交通设备信息行业的发展需要,培养具备交通设备信息工程及机电技术方面专业基础知识与应用能力,能从事交通设施与设备和相关信息系统规划、设计、制造、开发、检修、应用研究、运行管理的高级工程技术人才,符合国家经济和社会发展要求,具有重大的现实意义和战略意义。

(2) 开设交通设备与控制工程专业的可行性

国内很多高校都开设有交通工程、机械设计及自动化、电子信息工程、计算机科学与技术等相关专业,但是缺少培养具有交通、机械、电子技术和信息科学等综合知识和实践能力毕业生的专业,以满足日益交通现代化和日益增长的交通设备及信息开发、制造和运用的需要。现有的相关专业已经有许多年的办学经验,教学、科研和服务社会的经验丰富,完全能够支撑交通设备信息工程专业的开办。

其中,山东交通学院立足交通行业办学,之前所开办交通工程、机械设计及自动化、电子信息工程、计算机科学与技术等相关专业,已经为开办交通设备信息工程专业积累丰富经验。学校设有汽车工程实验中心、交通与物流工程实验中心、机械基础实验中心、电子电气实验中心、计算机科学实验室等相关实验室,与省内外多家企事业单位建立长期稳定的产学研合作关系,能够提供高水平的实验、实习和实训环境,为开办交通设备信息工程专业奠定了基础。

(3) 人才需求分析

随着国内道路与轨道交通设施设备技术水平、运载工具的技术水平和运输组织技术水平和道路交通管理与控制水平的提高,我国已产生很大的对交通设备及相关信息系统的规划、研发、生产、安装和使用与维护人员的需求。随着国内高速公路规划和落实、普通公路和城市道路现代化水平的提高和轨道交通的发展,交通设备信息工程专业技术人才潜在需求数量也相当巨大,为本专业毕业生就业提供了巨大的市场。

(4) 国内外相关或相近专业比较分析

2010 年以前,国内开办交通设备信息工程专业的高校仅有西南交通大学和中南大学等极少数学校,这些院校培养计划侧重于铁路兼顾城市轨道交通方向,当时国内还没有开办侧重公路和城市道路交通的交通设备信息工程专业的高校。自2010年，教育部率先批准了山东交通学院和南通大学开办首批公路方向的交通信息与设备工程专业，后改名为现在的交通设备与控制工程专业。随着交通智能化的发展，开设本专业的院校逐年增多。

1.1.3 交通设备与控制工程专业导论的作用与主要内容

所谓专业导论通常是指采用较为概括的语言来论述专业的基本思想和整体课程结构体系，通过对原本内容广泛、理论深入的专业理论和知识体系进行概括性的阐述，对专业发展历史和未来前景进行精简扼要地介绍，从而使学生对该专业或学科有一个较为全面的认识、简明概要的了解和基本的系统把握。

专业导论教材主要介绍本专业的发展、专业的形成及与专业相关的一般性知识，普遍撰写的比较全面浅显，一般是科学概述，不做深入分析，它是一个由浅入深的过程，以便为后续的专业学习做好铺垫。

专业导论课是一门专业基础的认知课程。其主要目的就是促使该专业的大学生和社会大众更好地了解该专业的内涵及特点、专业与社会经济发展的关系、专业所涉及的主要学科知识和课程体系、专业人才培养基本要求等内容，帮助在校学生形成较为全面和系统的专业认知，同时满足社会大众对该专业内涵和发展趋势的了解需求。

交通设备与控制工程专业导论课是交通设备与控制工程专业的专业入门认知课或先导课，具有引导性、概括性和前沿性等特点。其中，引导性表现为两个方面：一是引导学生逐步进入专业课程中；二是引导学生的专业思想与方法逐步建立。

交通设备与控制工程专业通常都会在大学一年级时开设本专业的导论课程。因为对于刚刚进入大学校门的学生来说，尽早地开设该门专业导论课程，为学生提供一个了解本专业的窗口，有利于他们在总体上更好地了解和认识所学专业的概况及特点，全面把握专业课程的脉络，以免在大学二年级直接进入专业课程学习后，出现许多学生在整个学习过程中只知道每一门课程的知识点学习，却忽略了甚至是不了解整个专业全貌的怪异现象，即"只见树木，不见森林"。因而，在大学的早期开设专业导论课十分必要，其目的即引导学生从入学伊始就循序渐进地去了解所学专业的基础知识，由浅入深地逐步加深对所学专业的知识结构、专业特点与内涵的认识程度，从而使每一个学生都能明确所开设每门课程的学习目的和目标，这对于帮助他们尽早尽快地了解所学专业的性质、激发专业兴趣、掌握专业学习方法、规划自身发展等具有重要的导航作用。

交通设备与控制工程专业导论课的主要思路是以交通设备的硬件集成与软件开发为主线，运用通俗浅显的方式来阐述该专业的概况、交通背景基础、相关的专业基础知识、基本原理、核心技术，以大量简明扼要的实例及图片形象直观的展示该专业的主要技术特点与应用成果，引领学生逐步加深对该专业知识体系与课程体系的认知与了解，有序培养和训练他们的专业思维模式，有效激发其学习热情和积极性、主动性，为后续的专业课学习奠定基础和铺平道路。简单地说，该专业导论课实质上就是为刚刚走入校门的大学生或初期学习该专业的有关社会人员对所选专业进行概要解读，重点回答或解决他们心中对本专业认识上的五大疑惑，即：该专业（学科）是什么、为什么要学习该专业（学科）、该专业（学科）都学些什么内容、怎么才能学好该专业（学科）、学习该专业（学科）最终应达到什么样的目标或要求。

交通设备与控制工程专业导论课程主要包括四大部分：

（1）概论：重点阐述交通设备与控制工程专业的发展历程，它与相关学科的关系以及该专业培养模式与培养目标等，目的是引领学生建立对本专业的初步认识。

（2）专业课程设置与相关技术和理论基础：主要介绍该专业各课程的设置以及相关的技术和理论基础，内容包括公共基础知识与理论——公共基础课部分；基本技能与工具——学科基础课部分；交通背景知识、硬件集成技术、软件开发技术——三大专业支柱课部分；以及硬件集成与开发平台——专业集成平台部分课程体系的设置。这部分内容的介绍，目的是让学生逐步认知该专业的课程体系设置情况，以及该专业应主要学习内容、研究领域与能力培养要求。

（3）专业应用案例：重点介绍几个典型的专业应用实例。通过对这些典型实例的综合应用分析，向学生清楚地指明各专业实例中的基础理论、专业知识以及各种技术方法的实际应用特点与关联性，明确给出各实例中所涉及的理论与技术方法与专业课程体系的关系，逐步引导学生加深对专业领域广度与深度的认知，进而使学生在思想上明确自己在学习过程中应着重培养怎样的一种专业能力，须通过学习哪些知识结构才能够获得这种能力，这些知识在哪些课程中能够得以体现，这对于学生的后期专业课程的学习会提供很好的引导作用。

（4）创新创业：侧重于介绍该专业的社会需求及个人发展规划，包括社会对该专业人才的需求情况和该专业毕业生的去向等，并通过创新创业方面的指导来引导学生的未来规划。

1.2　交通设备与控制工程专业的形成与发展过程

1.2.1　专业创建背景与发展过程

交通设备与控制工程专业的创建与发展大致经历了两个阶段。

（1）第一阶段：面向轨道交通的交通设备信息工程专业创建与发展

2002年，为了满足当时我国轨道交通发展的需要，培养轨道车辆与IT信息技术紧密结合的交叉复合研究型高级技术人才，由西南交通大学两院院士沈志云教授倡议在西南交通大学成立载运工具信息工程系，并于2003年申请开设交通设备信息工程专业并获教育部批准。该专业依托西南交通大学牵引动力国家重点实验室和车辆工程、载运工具运用工程两个国家重点学科，侧重于培养轨道交通领域的既有一定理论基础和专业知识，又有科研和创新能力的本科人才。

随后，全国陆续开设交通设备信息工程专业或者专业方向的高校发展为中南大学、西南交通大学、北方工业大学、同济大学、兰州铁道大学、大连交通大学、华东交通大学共7所院校。当时，全国每年毕业生仅300名左右。

当时设定的专业培养目标为：培养交通安全规划设计与管理人员，能在交通运输领域从事安全系统设计、安全管理等方面工作的高级专业技术人才。

就业方向主要是在交通运输部门、信息管理与开发部门、科研院校、企业、公司从事交通安全的规划、设计,安全管理及安全系统的开发等工作。

主要课程有:现代图学、力学与设计基础、电工电子技术、单片机原理与应用、测控技术、控制工程基础、CAD/CAM、故障诊断学、机车车辆工程、信息化制造工程、城市轨道交通设备等。

(2)第二阶段:面向道路交通的交通设备与控制工程专业创建与发展

山东交通学院与南通大学分别于2009年和2010年申报建立面向道路交通的交通设备信息工程本科专业,并于2011年开始招收交通设备信息工程专业本科生。

2012年,教育部颁发新版的《普通高等学校本科专业目录(2012年)》,将交通信息与控制工程专业名称更名为交通设备与控制工程专业。

2014年已经有交通设备与控制工程本科专业的南通大学、哈尔滨工业大学、北方工业大学、长安大学、西北工业大学、重庆交通大学、山东交通学院7所院校于南通大学召开第一届"全国高校交通设备与控制工程专业联盟"会议。会议决定秘书处设置于北方工业大学,会议每年举行一次。

交通的智能化是未来交通运输行业发展的主要方向,开设交通设备与控制工程本科专业的院校逐年增多,呈现快速发展态势。

1.2.2 专业现状

截止到2016年,开设交通设备与控制工程专业或专业方向的高校有近20所,分别是中南大学、西南交通大学、南通大学、山东交通学院、哈尔滨工业大学、北方工业大学、西北工业大学、重庆交通大学、大连交通大学、攀枝花学院、同济大学、北京工业大学、太原理工大学、南京工程学院等,相信这支队伍的规模会随着发展变得更加庞大。

其中,先前的中南大学、西南交通大学等高校该专业的人才培养侧重轨道交通方面;山东交通学院、南通大学等部分高校的该专业人才培养侧重公路交通设备与控制;其他各个院校根据办学特点分别侧重交通信息、交通控制、高速公路监控等专业方向。

现仅针对部分侧重道路交通设备与控制的高校有关该专业的培养目标、培养要求与主要课程设置等基本情况简介如下。

(1)中南大学

培养目标:本专业培养适应国家交通运输设备现代化、智能交通工程建设的需要,掌握交通设备信息领域相关的电子技术、控制技术、计算机技术等方面的专业知识,具备交通设备、信息及控制工程方面专业知识与应用能力,能在城市交通信号控制、高速公路机电系统、轨道交通系统、计算机技术管理与决策等领域从事交通领域设备研发、设计、维护、智能交通系统集成和运行管理的复合应用型高级工程技术人才。

培养要求:本专业学生应该具有较好的科学和人文素养,主要学习电子技术、自动控制、信息处理与控制等方面较宽广的工程技术基础理论和专业知识,以及与交通系统相关的城市交通信号控制、高速公路监控系统、通信系统、收费系统、隧道机电系统、轨道交通控制与管理、智能交通系统等专业的基础知识。

主要课程:电路理论、模拟电子技术、数字电子技术、信号与系统、自动控制理论、交通工程学、交通设计、交通管理与控制、交通规划理论与方法、交通机电设备、智能交通系统、传感器与交通信息检测技术、高级语言程序设计、网络通信与传输、数据库技术与应用、单片机原理及应用、微机原理与接口技术、计算机控制技术、电气控制与可编程控制器等。

(2) 重庆交通大学

专业定位：本专业是交通运输工程与控制工程的交叉与综合，以道路和城市交通为基础，以智能交通系统和工程素质教育为重点，适应后交通时代交通信息化、智能化发展，开展宽口径工程教育。

培养目标：培养适应我国后交通时代交通发展的需求，德、智、体全面发展，具有坚实的自然科学和必要的人文社科基础，掌握交通管理与控制、交通机电设备、交通信息检测与处理、智能交通系统的基本理论、知识与技能，具备独立从事交通控制设备、智能交通系统的规划设计、研究开发、建设施工、运营维护和管理等工作的高级工程技术人才。

核心课程：自动控制原理、微机原理与接口技术、单片机原理及应用、交通通信与网络、交通工程学、交通信息检测及处理技术、车辆定位和导航技术、道路交通控制、交通监控与收费技术、交通供配电与照明、交通系统仿真。

就业服务方向及主要从事工作：毕业生面向交通管理、规划、设计、运营等单位以及交通机电、信息、设备等生产、建设等企事业单位，主要从事交通机电系统、智能交通系统、交通安全工程、交通环境监控等规划设计、集成开发、建设监理、检测维修、运营维护等工作。

(3) 南通大学

培养目标：本专业培养具备交通设备研发、交通信息化以及交通管理等方面知识及研究开发能力，掌握交通运输工程、交通设备工程、信息与控制工程方面的基本原理、方法，能在国家与省、市的交通管理部门、交通运输企业、智能交通企业、IT企业等从事计算机软硬件设计、研发、制造、集成和维护管理方面工作的高级工程技术人才。

主要课程：交通工程、智能交通、交通机电设备、交通控制与管理、交通规划与管理、城市轨道交通控制、物流信息系统、公共交通系统、高速公路系统控制、电子电路技术、计算机网络、嵌入式系统开发、计算机技术、交通检测、交通信息管理系统。

(4) 大连交通大学

培养目标：本专业培养掌握现代车辆及装备结构原理，以及交通运输领域有关的检测与控制、网络通信与传输、信息处理、机电一体化等方面的专门知识和基本技能，能在国民经济运输各部门中从事现代车辆及装备的设计制造、测控技术、网络技术的复合型高级工程技术人才。

培养要求：本专业是车辆工程、机械工程和电气工程等学科的交叉。

以基础教育与专业教育相结合，以机械基础、现代车辆构造原理、电子技术、计算机技术和信息处理技术为主体构建学科基础体系，使学生具有现代车辆及装备的设计制造及运用检修维护等方面的生产组织和管理的基本能力。

注重理论和实际相结合，加强实践环节，培养基础理论宽、实践能力强、具有创新精神的复合型高级工程技术人才。

主要课程：工程力学、机械设计基础、模拟电子技术、数字电子技术、电力电子技术、动车组结构及原理、动车组故障分析及检修技术、动车组电气设备、动车组运行自动控制系统、无线通信技术、列车网络控制技术、动车组制动技术等。

(5) 北方工业大学

本专业注重提高学生的综合素质,强调理论教学与实践能力的培养,除有关专业课程的实验外,还有社会实践、认识实习、生产实习、工程实训及各类课程设计、毕业设计等实践环节,以培养学生的工程实践能力。本专业提倡创新进取和学以致用的精神,鼓励学生参加全国及北京市组织的各种相关竞赛,近年来本专业教师指导学生在全国大学生交通科技大赛、北京市大学生交通科技大赛、首都大学生创业大赛等比赛中均获得了突出的成绩。

该校的城市道路交通智能控制技术北京市重点实验室、北方工业大学—西门子智能交通联合实验室等机构可面向本专业学生开放,进一步培养学生的科研兴趣和创新意识。

(6) 哈尔滨工业大学

交通设备与控制工程专业隶属交通科学与工程学院交通信息与控制工程系,依托于交通信息工程及控制二级学科。本专业是传统交通工程与先进信息科学的交叉与综合,具有鲜明工程应用背景的特色交叉学科。本专业主要面向新一代智能交通系统和智能交通检测系统,运用电子、信息、计算机和控制等多学科的基本理论和技术,解决交通运输领域当中的信息采集、数据处理及交通检测与控制等系列问题。

通过在本专业学习,能够广泛、系统地掌握信息领域当中多个方向的前沿理论和技术,并融汇交通运输的行业背景。本专业通过大量的专业实践锻炼,着重培养学生在工程实践中发现、分析和解决问题的能力,毕业生可以独立从事智能交通系统的研发、设计与实现以及交通运输规划与管理等方面的工作,学生具有良好的就业前景和研究发展基础。

国际化也是本专业的特色之一,已与华盛顿大学合作建立哈尔滨工业大学—华盛顿大学先进交通技术国际联合实验室,开设多门双语课程和外籍教师任教的纯英语课程。

本学科已经建立起从本科培养到硕士、博士研究生培养以及博士后研究的一条龙培养体系。

本学科主要研究方向:交通流模拟与控制技术研究,交通仿真技术研究与应用,基于物联网的智能交通技术研究,智能交通传感技术研究与应用,网络化智能交通检测技术研究,城市交通管理与决策支持系统研究,交通应急智能决策、救援与指挥系统研究,重大危险源辨识技术与监控系统研究,路面结构与路面表面特性评价方法研究与应用,交通及道路基本信息获取技术研究与应用,多源交通数据融合与处理技术研究。

(7) 西北工业大学

培养目标:本专业是 2012 年教育部新设立的特设专业,依托该校国家一级学科交通运输工程。培养掌握交通设备和控制工程基础理论知识与应用能力突出的高级技术人才,特别是从事城市交通监视和控制、航空机载设备、军用/通用航空监视等领域的高级研究和工程技术人才。

就业方向:毕业生可就职于政府交通管理部门,航空、公路及铁路等交通运输部门,交通运输装备研究院所和相关生产研发单位从事交通运输设备设计、开发,交通运输规划与管理等工作。

(8) 南京工程学院

培养目标：本专业培养适应经济建设和社会发展需要，德、智、体全面发展，具备较扎实的理论基础、较宽的知识面，掌握车辆专业知识、通用电气知识、车辆机电设备控制知识，以及车辆机电设备、检测与控制、网络通信与传输三类技术相融合的应用型交通设备与控制工程高级技术人才。

主干课程：电机与拖动、电力电子技术、液压与气压传动、电气控制与PLC、交通设备概论、车辆电子电气、电力牵引控制系统、车辆运行控制、交通装备控制与网络技术、交通信息技术、轨道交通供电系统、电动汽车概论等。

就业方向：本专业毕业生可从事交通运输车辆机电设备的设计、制造、配套、安装、检测、维护(修)工作，也可从事工业自动化装备的产品开发、工程设计、安装维修工作。

(9) 山东交通学院

培养目标：本专业培养具备交通设备研发、设计、制造、系统集成、维护、运行管理等基本技能的应用型高级工程技术人才。

主要课程：交通工程总论、智能交通系统、现代工程图学、力学与设计基础、电工电子技术、单片机原理与应用、控制工程基础、交通控制与管理、计算机语言、交通通信工程、交通传感技术、交通信息技术等。

基本技能：交通设备信息工程的基础科学理论；利用计算机软件工具进行交通信息系统的设计、集成、更新和维护以及利用机械、电子工具进行交通设备的研发、设计、制造、安装和维护的初步能力。

就业去向：学生毕业后可以在道路交通相关企业与管理部门、轨道交通相关企业从事相关设备的规划、组织、实施和运营管理工作，也可在交通设备信息行业从事交通管理与控制设施设备、道路和轨道交通控制系统、道路和轨道交通信息系统的开发、设计、生产、集成、使用与维护等工作。

(10) 太原理工大学

培养目标：本专业培养适应国家交通运输设备现代化、智能交通工程建设的需要，掌握交通设备信息领域相关的电子技术、控制技术、计算机技术等方面的专业知识，具备交通设备、信息及控制工程方面专业知识与应用能力，能在城市交通信号控制、高速公路机电系统、轨道交通系统、计算机技术管理与决策等领域从事交通领域设备研发、设计、维护、智能交通系统集成和运行管理的复合应用型高级工程技术人才。

培养要求：本专业学生应该具有较好的科学和人文素养，主要学习电子技术、自动控制、信息处理与控制等方面较宽广的工程技术基础理论和专业知识，以及与交通系统相关的城市交通信号控制、高速公路监控系统、通信系统、收费系统、隧道机电系统、轨道交通控制与管理、智能交通系统等专业的基础知识。

主要课程：电路理论、模拟电子技术、数字电子技术、信号与系统、自动控制理论、交通工程学、交通设计、交通管理与控制、交通规划理论与方法、交通机电设备、智能交通系统、传感器与交通信息检测技术、高级语言程序设计、网络通信与传输、数据库技术与应用、单片机原理及应用、微机原理与接口技术、计算机控制技术、电气控制与可编程控制器等。

主要实践教学环节：军训、金工实习、电子工艺实习、专业生产认识实习、毕业实习、课程设计、毕业设计等。

主要专业实验：电路实验、电子技术实验、智能交通系统实验、交通机电设备实验、传感器与交通信息检测技术实验、交通管理与控制实验、网络通信与传输实验、单片机设计实验、计算机控制技术实验、交通设备与控制工程专业综合实验等。

各校该专业基本学程均为 4 年，最长修业年限可相应延长至 8 年。

1.2.3　专业办学条件

交通设备与控制工程专业具有两个显著特点：一是其系统复杂性，涉及众多交叉学科；二是目前我国高等学校在本专业人才培养过程中因办学历史和特色优势，基本上是按某一运输方式或专业方向来培养专门人才。

由于各高校的发展历史和专业建设的历程各不相同，各专业的办学条件也存在着很大的差异性，各有特色，故没有统一标准。在此，依据《交通运输类教学质量国家标准》的要求，特将有关教学条件的基本要求列举如下。

1) 教学设施要求

(1) 基本办学条件

交通运输类专业的基本办学条件须参照教育部相关规定执行。

(2) 教学实验室

基础课程实验室的生均面积、生均教学设备经费至少应满足教育部相关规定的基本要求。专业实验室应能满足本专业类培养计划实践教学体系所列要求。每种实验设备既要有足够的台套数，又要有较高的利用率。

实验室应建立设备使用档案、设备与实验的标准操作规程。有专人负责保管，定期进行检查、清洁、保养、测试和校正，确保仪器设备的性能稳定可靠。有存放实验设备、耗材的设施，有收集和处置实验废弃物的设施。

实验室应具备支持研究的能力，具有一定的课外开放时间，条件允许下应设立实验室基金。

(3) 实践基地

必须有满足教学需要、相对稳定的实习基地。应根据学科专业特色和学生的就业去向，与交通运输行业科研院所、企业加强合作，建立有特色的实践基地，满足相关专业人才培养的需要。

实践基地应制定实践管理制度并依据制度对学生进行管理，实践管理制度应包括教师选派、教学安排、质量评价等内容。实践单位应指定专门负责人并提供必要的实践、生活条件保障。

各类实践、实习要有具体的实习大纲和实习指导书，有明确的实习内容，实习结束后学生应提交实习报告，据此给予实习考核成绩。

2）信息资源要求

（1）基本信息资源

通过手册或者网站等形式，提供本专业的培养方案，各课程的教学大纲、教学要求、考核要求，毕业审核要求等基本教学信息。

（2）教材及参考书

专业基础课程中2/3以上的课程应采用正式出版的教材，其余专业基础课程、专业课程如无正式出版教材，应提供符合教学大纲的课程讲义。教材优先选用国家级或行业规划教材。

（3）图书信息资源

图书馆与相关资料室中应提供必要的该专业及相关学科的图书资料、刊物，刊物应包括交通运输领域核心期刊，有一定数量的外文图书与期刊。

提供主要的数字化专业文献资源、数据库和检索这些信息资源的工具，并提供使用指导。

建设必要的专业基础课、专业课课程网站，提供一定数量的网络教学资源。

本专业类所有馆藏资源均应向学生开放。

3）教学经费要求

教学经费应能满足本专业类教学、建设和发展的需要。

已建专业每年正常的教学经费应包含师资队伍建设经费、实验室维护更新经费、专业实践教学经费、图书资料经费、实习基地建设经费等。

新建专业应保证一定数额的不包括固定资产投资在内的专业开办经费，特别是应有实验室建设经费。

每年学费收入中应有足够的比例用于专业的教学支出、教学设备仪器购买、教学设备仪器维护以及图书资料购买等。

1.3 交通设备与控制工程专业的培养目标与特色

由于每一所高校的发展历程不同，其自身的优势资源、办学特点及对交通设备与控制工程专业建设的认识角度与程度的不同，该专业的专业定位、培养目标、专业特色和课程体系设置等方面都会存在着一定的差异性，每所高校在人才培养方案制定上都会各自有所侧重和凸显自身特点，为此，本教材在后续各章节内容撰写中，以山东交通学院人才培养方案为重点，同时兼顾各高校在人才培养方案中的共性与特点。

1.3.1 专业定位

交通设备与控制工程专业是为满足我国智能交通事业的快速发展对人才的需求而设立的本科专业。本专业是传统交通工程与先进信息科学的交叉与综合，具有鲜明工程应用背景的特色交叉专业。本专业按照学校确定的"培养交通事业一线有成长力的工程师和管理者"的办学定位，以交通、信息和控制等多学科的基本理论和技术为基础，以智能交通系统设计、研发与运维为专业发展方向，培养适应国家交通科技现代化、智能交通工程建设、智能交通产品研发、生产和管理第一线需要的应用型人才。

1.3.2 培养目标

本专业培养适应社会主义现代化建设需要,树立社会主义核心价值观,具有高度社会责任感和使命感,熟练掌握工程科学基础理论、工程项目管理知识、智能交通专业知识与技能,熟悉国家智能交通的技术标准,了解智能交通理论前沿与发展动态,具有较强的工程实践能力,能在智能交通及其相关领域,从事系统规划、设备研发、工程设计、系统集成、维护、运行、销售等工作的面向智能交通系统建设一线,具有较强的创新意识、创新精神和一定创新创业能力,具有一定国际工程视野、有成长力的工程师和管理者。

1.3.3 专业特色

(1)交通设备与控制工程专业是交通运输工程、控制科学与工程、信息与通信工程、计算机科学与技术等知识交叉融合的专业。

(2)交通设备与控制工程专业依托公路工程背景,培养掌握交通控制、智能交通系统规划与设计、交通软件开发以及交通硬件集成等基本理论、基本知识和基本技能的综合性专业技术人才。

(3)该专业突出了交通工程背景,重视实践教学环节,师资学历职称高、理论基础扎实、工程经验丰富;同时依托校内外实习实训基地,"集成、加强、更新"实践教学体系,注重培养学生的工程实践能力和创新能力,锻炼学生独立解决工程问题的能力。

1.3.4 专业能力和素质的发展

本专业毕业生,应具备以下几方面的知识、能力和素质要求:

(1)具备数学、自然科学及工程知识的应用能力。

(2)能够应用数学、自然科学和工程科学的基本原理,识别、表达并通过文献研究分析智能交通领域的复杂工程问题。

(3)具有一定的解决交通科技和工程实际问题的能力,初步的科技研究和开发能力、组织管理能力、生产经营能力和自学能力。

(4)掌握利用计算机软件工具进行交通信息系统的设计、集成、更新和维护以及利用机械、电子工具进行交通设备的研发、设计、制造、安装和维护的实践知识和技能,具有工程质量和效益观念。

(5)具备使用现代工具处理工程问题的能力。

(6)能够基于工程相关背景知识进行合理分析,评价专业工程实践和复杂工程问题解决方案对社会、健康、安全、法律以及文化的影响。

(7)能够理解和评价针对复杂工程问题的专业工程实践对环境、社会可持续发展的影响。

(8)具备人文社会科学素养、社会责任感,能够在工程实践中理解并遵守工程职业道德和规范,履行责任。

(9)能够在多学科背景下的团队中承担个体、团队成员以及负责人的角色。

(10)能够就复杂工程问题与业界同行及社会公众进行有效沟通和交流,包括撰写报告和设计文稿、陈述发言、清晰表达或回应指令。并具备一定的国际视野,能够在跨文化背景下进行沟通和交流。

(11)具备工程项目管理能力。

(12)对终身学习有正确认识,具备不断学习和适应发展的能力。

1.4 交通设备与控制工程专业的课程结构与体系

交通设备与控制工程专业总学分一般要求为 140~180 学分,其中实践性教学学分一般不低于总学分的 25%。该专业标准学制为 4 年,实行弹性修读年限 3~8 年。

依据 2018 年《交通运输类教学质量国家标准》的有关要求和精神,交通设备与控制工程专业的核心知识领域主要包括交通设备结构、交通信息检测、数据分析、系统研发与集成、交通管理与控制等,各高校可根据具体办学情况做适当调整。为此,考虑到各高校该专业的课程体系在设置上存在一定的差异性,本教材在考虑各校共性的同时,给出了山东交通学院该专业的课程结构、教学计划与进程等内容。

1.4.1 课程设置

依据所确定的专业定位和培养目标,综合考虑专业特色、专业能力和素质发展的具体要求,结合社会对人才培养的具体需求,各校都会根据自身特点确定专业相关的主干学科、应设置的主要课程以及课程设置表等,制定具有自身特色的专业课程结构与体系,并会对所开设的公共课、基础课、技术基础课和专业课等分别进行重要性、必要性及相关性说明。下面以山东交通学院交通设备与控制工程专业课程设置为例予以说明。

(1)主干学科

交通运输工程、控制科学与工程、计算机科学与技术。

(2)核心课程

交通工程学、计算机技术基础(Python)、智能交通系统设计与集成、交通管理与控制、交通通信网和交通传感技术。

1.4.2 课程体系结构

交通设备与控制工程专业的课程体系结构,应突出"一个基础""三个支柱"和"一个平台"的构建。其中"一个基础"是指各类基础课程,"三个支柱"则分别是交通工程基础理论、硬件集成技术和软件开发技术,"一个平台"则为智能交通系统集成平台,它们共同构建了该专业的金字塔式的基础及总体框架,如图 1-1 所示。

图 1-2 和表 1-1 分别展示本专业的课程体系拓扑图和课程与毕业要求的对应关系。

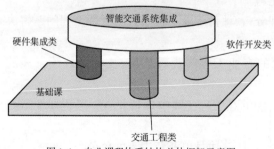

图 1-1 专业课程体系结构总体框架示意图

① 课程体系结构拓扑图

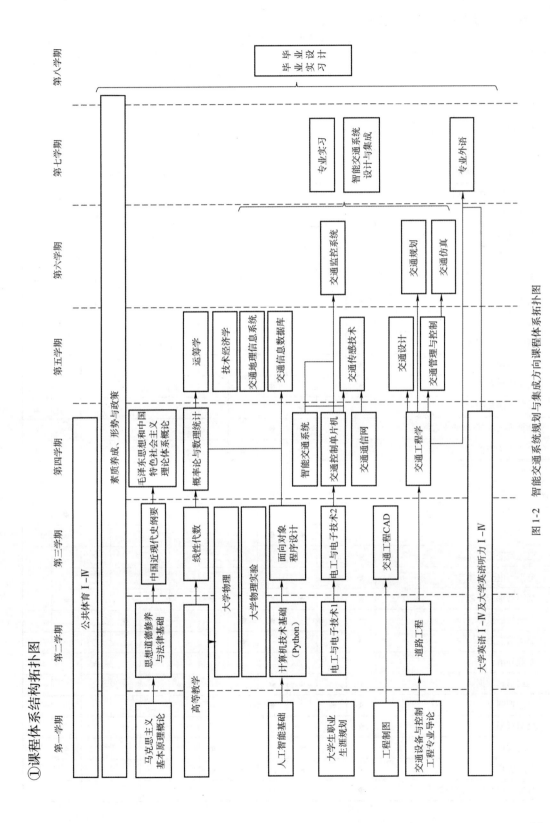

图 1-2 智能交通系统规划与集成方向课程体系拓扑图

②课程与毕业要求对应关系矩阵

课程与毕业要求对应管理　　　　　　　　表1-1

课程名称	毕业要求											
	1	2	3	4	5	6	7	8	9	10	11	12
马克思主义基本原理概论								★				◆
毛泽东思想和中国特色社会主义理论体系概论								★				
中国近现代史纲要								★				
思想道德修养与法律基础								★				
形势政策								★		◆		◆
军事理论								★				
体育									◆			◆
大学英语					◆					◆		◆
高等数学	★	★										
线性代数	★	★										
概率论与数理统计	★	★										
大学物理	★											
大学物理实验	★			◆								
人工智能基础			◆									▲
计算机技术基础(Python)	★		★	◆								
交通设备与控制工程专业导论			◆		★			◆				★
交通工程学	★											
智能交通系统		◆		★								▲
运筹学	★	★				★				◆		
工程制图	★		★	★								
电工与电子技术1	◆	★										
电工与电子技术2	◆	★										
交通管理与控制	★		★			★				★		
交通传感技术	★	★		★	◆				◆			
交通监控系统	★	★			◆							
专业外语										★		◆
交通信息数据库	★		★	★								
交通控制单片机	★	★		★								
交通规划	★		★		★				◆			
交通设计	★		★			★					★	
交通仿真	★		★		★	★						
智能交通系统设计与集成	◆			★								

续上表

课程名称	毕业要求											
	1	2	3	4	5	6	7	8	9	10	11	12
道路工程				★	★	★						
交通工程CAD	★		★									
交通通信网		★		★	◆							
自动控制原理			★		★	★						
计算机网络				★								
交通地理信息系统	★		★			★	◆					
交通安全工程			◆		★		★	★				
交通法学							★	▲				
汽车构造与电子技术				▲								
交通信息技术	◆	★	★			★						
面向对象程序设计	★		★	★								
数据结构与算法分析	★		★	★	◆				◆		★	
技术经济学				◆	★						★	
交通工程施工组织与概预算				◆	▲						◆	
交通人机工程						★						
大学生职业生涯规划								▲				◆
就业指导								◆				◆
创业指导								◆				◆
创造学▲								◆				◆
科技创新理论▲								◆				
艺术导论								★				
书法鉴赏								★				
应用文写作								◆		★		
道路景观设计	▲											
版式设计				▲								
机电产品造型设计				▲								
入学教育及军训								★	★			◆
Python语言课程设计	★		★									
电子技术课程设计	◆	★										
交通调查实习	◆	◆							★			
交通控制单片机课程设计	★	★										
交通管理与控制课程设计	★		★				★				★	
数据库课程设计									◆			
交通传感技术课程设计	★	★			★				◆	★		

续上表

课程名称	毕业要求											
	1	2	3	4	5	6	7	8	9	10	11	12
交通监控系统课程设计									◆		◆	
智能交通系统集成课程设计	★	★										
专业实习			★	★		★				★		
毕业实习				★	★		★				★	◆
毕业设计或毕业论文			★		★						★	◆

注：以"★""◆""▲"分别表示课程对毕业要求支撑度的强、一般、弱。

1.4.3 课程教学计划与进程

本专业各学期教学计划总体安排表、课程教学计划进程表、集中实践教学环节、第二课堂安排、各课程模块学时学分结构表等，如表1-2～表1-6所示。

各学期教学计划总体安排表　　　　　　　　　　　　表1-2

学期	理论教学	课程设计	毕业(设计)论文	实习	考试	入学教育与军训	机动	毕业鉴定	学期小计	社会实践	寒暑假	总计
一	15	0	0	0	1	2	1	0	19	1	5	25
二	18	0	0	0	1	0	1	0	20	0	6	26
三	16	2	0	0	1	0	1	0	20	1	5	26
四	16	2	0	0	1	0	1	0	20	0	6	26
五	12	6	0	0	1	0	1	0	20	1	5	26
六	16	2	0	0	1	0	1	0	20	0	6	26
七	13	6	0	0	0	0	1	0	20	1	5	26
八	0	0	11	5	0	0	1	0	17	0	0	17
总计	105	18	11	5	6	2	8	0	156	4	38	198

课程教学计划进程表　　　　　　　　　　　　表1-3

课程类别	序号	课程编号	课程名称	学分	教学时数			学期周数分配							
					总学时数	讲课时数	实验实践学时	上机学时	第一学期	第二学期	第三学期	第四学期	第五学期	第六学期	第七学期	第八学期
									15	17	15	14	14	15	12	0
公共基础课（必修）	01	030105	马克思主义基本原理概论	3	48	40	8			3						
	02	030106	毛泽东思想和中国特色社会主义理论体系概论	4	64	56	8						5			

续上表

课程类别	序号	课程编号	课程名称	学分	总学时数	讲课学时数	实验实践学时	上机学时	第一学期 15	第二学期 17	第三学期 15	第四学期 14	第五学期 14	第六学期 15	第七学期 12	第八学期 0
公共基础课（必修）	03	030107	中国近现代史纲要	2	32	32	0					3				
	04	030108	思想道德修养与法律基础	2.5	40	32	8		3							
	05	030203	形势政策	2					每学期16学时，周三下午开课							
	06	190201	军事理论	2	32	26	6		第一学期军训期间及晚上开课							
	07	020101	体育	4	128	112	16		2	2	2	2				
	08	120101	大学英语	12	192	192			4	4	4					
	09	010101	高等数学	10	160	160			6	6						
	10	010102	线性代数	2.5	40	40						4				
	11	010103	概率论与数理统计	3	48	48						4				
	12	010201	大学物理	4	64	64				3	3					
	13	010202	大学物理实验	3	48		48		第二、三学期各24学时							
	14	080102	计算机技术基础（C）	3.5	56	28		28	4							
			公共基础课总学分、学时	57.5	952	830	94	28								
学科基础课（必修）	01	050401	交通设备与控制工程专业导论	1.5	24	24			2							
	02	050203	交通工程学	3	48	48							5			
	03	050409	数据结构与算法分析	3	48	48						4				
	04	050421	运筹学	3.5	56	56								4		
	05	060802	工程制图	4	64	56	8		5							
	06	210440	电工与电子技术1	3	48	40	8				3					
	07	210440	电工与电子技术2	3	48	38	10					3				
			学科基础课总学分、学时	21	336	310	18	8								
专业必修课	01	050246	交通管理与控制	2	32	24	8							3		
	02	050404	交通传感技术	3	48	36	12							3		
	03	050407	交通监控系统	2	32	28	4								3	
	04	050408	交通信息技术	3	48	40	8							4		
	05	050412	专业外语	2	32	32								3		
	06	050425	面向对象程序设计	4	64	48	16						5			
	07	050426	交通信息数据库	3.5	56	36	20						5			
	08	050430	交通控制单片机	4	64	48	16						5			

Introduction to Traffic Equipment and Control Engineering
交通设备与控制工程专业导论

续上表

课程类别	序号	课程编号	课程名称	学分	教学时数			学期周数分配							
					总学时数	讲课时数	实验实践学时	上机学时	第一学期	第二学期	第三学期	第四学期	第五学期	第六学期	第七学期	第八学期
									15	17	15	14	14	15	12	0
			专业必修课总学分、学时	23.5	376	292	32	52								
专业（方向）限选课			方向一：智能交通系统规划与集成													
	01	050209	交通规划	3.5	56	50	6								4	
	02	050214	交通设计	2	32	24	8							3		
	03	050248	交通仿真	2	32		32							3		
	04	050417	智能交通系统集成	3.5	56	28	28								4	
	05	050418	道路工程	3	48	42	6						4			
			方向二：智能交通设备研发													
	01	050405	操作系统	2	32	16	16							3		
	02	050410	交通软件开发	3.5	56	28	28								4	
	03	050422	EDA技术	3	48	28	20								4	
	04	050430	嵌入式系统	3	48	42	6								4	
	05	050438	计算机控制技术	2	32	8	16							3		
			专业方向限选课总学分、学时	13.5	216	122	34	6								
专业任选课	01	050109	技术经济学	2	32	32									3	
	02	050250	交通工程CAD	1.5	24		24							2		
	03	050403	交通通信网	3.5	56	48	8								5	
	04	050406	交通机电设备	2	32	20	12							3		
	05	050411	计算机网络	3	48	44	4								4	
	06	050414	智能交通信息处理技术	3	48	48									4	
	07	050206	交通安全工程	3	48	38	10								4	
	08	050427	可编程逻辑控制器	3	48	28	20								4	
	09	050428	自动控制原理	3	48	40	8								4	
	10	050429	交通地理信息系统	3	48	32		16							4	
	11	050431	大数据技术与云计算	2	32	16	16								3	
			专业任选课学分、学时	12.5	200	164	12	24								
创新创业必选课	01	190101	大学生职业生涯规划	1	16	16			2							
	02	190102	就业指导	1	16	16										
	03	190103	创业指导	1	16	16										

续上表

课程类别	序号	课程编号	课程名称	学分	教学时数				学期周数分配							
					总学时数	讲课时数	实验实践学时	上机学时	第一学期	第二学期	第三学期	第四学期	第五学期	第六学期	第七学期	第八学期
									15	17	15	14	14	15	12	0
			创新创业必选课学分、学时	3	48	48										
创新创业任选课	01	050002	灯塔讲坛	0.5	8	8									2	
	02	050003	创新创业与职业规划	1	16	16									2	
	03	050005	创新创业政策与法规	1	16	16									2	
	04	050007	绿波讲坛	0.5	8	8									2	
	05	050008	市场营销	1.5	24	24									2	
	06	050009	成长论坛	1	16	16									2	
			创新创业任选课最低学分学时	2	32	32										
			公共选修课最低学分	4	64	64										
			小计	137	2224	1862	190	118	24	25	29	31	32	18	4	0

注：1. 双语课课程名后加"★"，纯英语课课程名后加"▲"。
2. 公共选修课由学校统一安排。

集中实践教学环节　　　　　　　　　　　　　　　　　　　　表1-4

序号	项目名称（中英文对照）	学期	周数	学分
1	入学教育及军训 Orientation and Military Training	1	2	2
2	C语言课程设计 C Language Programming Design	2	1	1
3	数据结构与算法设计课程设计 Data Structures and Algorithm Analysis Programming Design	3	1	1
4	电子技术课程设计 Electrical Technology Curriculum Design	3	2	2
5	数据库课程设计 Traffic Information Database Design	4	2	2
6	交通调查实习 Traffic Survey	4	2	2
7	交通控制单片机课程设计 Traffic Control SCM	5	2	2
8	面向对象程序设计课程设计 Object Oriented Programming Design	5	2	2
9	交通传感技术课程设计 Traffic Sense Technology Design	6	1	1

续上表

序号	项目名称(中英文对照)	学期	周数	学分
10	交通管理与控制课程设计 Traffic Control and Management	6	2	2
11	交通监控系统课程设计 Traffic Monitoring System Design	7	1	1
12	智能交通系统集成课程设计 Intelligent Transportation System Integration	7	2	2
13	专业实习 Major Practice	7	4	4
14	毕业实习 Graduation Practice	8	5	5
15	毕业设计或毕业论文 Graduate Design or Graduation Thesis	8	11	11
合计			40	40

第二课堂安排　　　　　表1-5

类别	序号	活动名称	活动性质 必修	活动性质 选修	建议时间安排 学期	学分
思政教育与行为养成类	1	一日常规教育	√		1-7	1
	2	诚信教育系列活动	√		1-7	1
	3	安全教育系列活动	√		1-7	1
	4	心理健康教育	√		1-7	1
	5	团校培训	√		1-4	1
	6	大学生网络思想政治教育	√		1-6	2
	7	大学生思想政治学习	√		1-7	2
	8	校、院组织开展的重大节日、重要事件的主题教育活动	√		1-7	1
	9	绿波讲坛		√	1-6	2
	10	灯塔讲坛		√	1-6	2
	11	在校内外媒体发表新闻等稿件		√	1-7	2
	12	青马工程、明德英才班		√	2-7	2
	13	思想引领先进		√	2-7	按学校文件规定执行
最低修读学分(必修3学分,选修1学分)						4

续上表

类别	序号	活动名称	活动性质		建议时间安排	学分
			必修	选修	学期	
学术科技与创新创业类	1	"挑战杯"大学生课外学术科技作品竞赛			1-7	
	2	"创青春"大学生创业计划竞赛			1-7	
	3	"互联网+"大学生创新创业大赛			1-7	
	4	大学生数学建模大赛			1-7	
	5	大学生物流设计大赛			2-7	
	6	大学生交通科技大赛			2-7	
	7	美国大学生程序设计竞赛(ACM)			2-7	
	8	美国数学模型竞赛(MCM)			2-7	
	9	全国大学生英语竞赛			2-7	
	10	大学生节能减排社会实践与科技竞赛			2-7	
	11	全国大学生结构设计竞赛			2-7	
	12	大学生机械创新设计大赛			2-7	
	13	全国大学生智能汽车竞赛			2-7	
	14	大学生电子商务"创新、创意及创业"大赛			2-7	
	15	大学生英语演讲大赛			1-7	
	16	大学生科技创新大赛			2-7	
	17	大学生安全方案设计大赛			2-7	
	18	全国智能交通创新与创业大赛			2-7	
	19	大学生物联网创新创业大赛			2-7	
	20	全国应用型人才综合技能大赛			2-7	
	21	全国大学生智能互联网创新大赛			2-7	
	22	物联网应用大赛			2-7	
	23	全国软件创新大赛			2-7	
	24	全国信息技术应用水平大赛			2-7	
	25	全国移动互联创新大赛			2-7	
	26	山东省物联网创造力大赛			2-7	
	27	大学生创业计划大赛			2-7	
	28	单片机应用设计大赛			2-7	
	29	蓝桥杯大赛			2-7	
	30	大学生机电产品创新设计大赛			2-7	
	31	I CAN 国际创新创业大赛			2-7	
	32	高校大数据应用创新大赛			2-7	
	33	中国(小谷围)"互联网+交通运输"创新创业大赛			2-7	

续上表

类别	序号	活动名称	活动性质		建议时间安排	学分
			必修	选修	学期	
学术科技与创新创业类	34	大学生三维数学化创新设计大赛			2-7	
	35	大学生网络安全技能大赛			2-7	
	36	商业精英挑战赛物流管理竞赛			2-7	
	37	全国大学生简历设计大赛			2-7	
	38	全国CAD类软件大赛			1-7	
	39	大学生职业生涯规划大赛			1-7	
	40	大学生条码自动识别知识竞赛			2-7	
	41	其他国家级、省级、校级科技节系列竞赛			1-7	
	竞赛等级最终认定:参照学校团委当年奖励实施办法中所认定的比赛等级,进行认定;具体竞赛最终赋分:参照《交通与物流工程学院"第二课堂成绩单"学分认定及实施办法细则》执行。					
	42	学生申请专利			2-7	
	43	学生发表论文			2-7	
	44	大学生创新创业训练计划项目			1-7	
	45	大学生科技立项			2-7	
	46	创业基地孵化园与创业实践			1-7	
	47	学术科技竞赛与创新创业类讲座			1-7	
	48	学术科技竞赛与创新创业类沙龙			1-7	
	最低修读学分(具体学分设置,按照学院办法执行)					4
文体艺术与身心发展类	1	学校、学院组织的文艺演出	√		1-7	1
	2	学校、学院组织的运动会、金秋体育季	√		1-7	1
	3	心理类活动(包括心理健康文化月等)	√		1-7	1
	4	成长类活动(包括宿舍文化节、创"律"色班级 做最好自己、职业规划大赛、简历设计大赛等)		√	1-7	1
	5	单项文艺活动(包括学校、学院、社团组织的文化艺术活动,如学院工艺品设计大赛、硬软笔书法大赛、辩论赛等)		√	1-7	1
	6	单项体育活动(如学校、学院组织的球类、拔河、趣味运动会等)		√	1-7	1
	7	教育部、团中央、教育厅、团省委主办的文艺活动		√	1-7	按学校文件规定执行
	8	教育部、团中央、教育厅、团省委主办的体育活动		√	1-7	按学校文件规定执行
	最低修读学分(必修0.5,选修0.5)					1

续上表

类别	序号	活动名称	活动性质 必修	活动性质 选修	建议时间安排 学期	学分
社团活动与社会工作类	1	校级学生组织工作履历		√	1-7	按学校文件规定执行
	2	院级学生组织工作履历		√	1-7	1-4
	3	班级学生组织工作履历		√	1-7	0.5-4
		最低修读学分				0
社会实践与志愿服务类	1	大学生寒暑假社会实践活动(如"三下乡""千村千项"行动、挂职等)	√		1-6	2
	2	专业实习、实践及调研	√		1-7	2
	3	参加招聘宣讲活动		√	5-7	2
	4	参加"大学生志愿服务西部计划"		√	1-7	按学校文件规定执行
	5	省级及以上社会实践		√	1-7	按学校文件规定执行
	6	暑期挂职锻炼		√	1-7	按学校文件规定执行
	7	无偿献血		√	1-7	按学校文件规定执行
	8	其他社会实践奖励		√	1-7	2
		最低修读学分				1
技能证书及其他类	1	英语四级证书		√	3-7	1
	2	英语六级证书		√	3-7	2
	3	计算机等级证书		√	1-7	1
	4	普通话水平等级证书		√	2-7	0.5
	5	驾驶证		√	2-7	1
	6	各种专业技能证书(如教师资格证、会计师证等)		√	2-7	0.5-2
		最低修读学分				0

各课程模块学时学分结构表　　　　　表1-6

课程类别			学时				学分	
			总数	理论	实验实践	上机	占总学时比例(%)	学分数	占总学分比例(%)

课程类别			总数	理论	实验实践	上机	占总学时比例(%)	学分数	占总学分比例(%)
课内教学	必修	公共基础课	1064	914	126	24	48.19	60.5	35.59
		学科基础课	240	214	18	8	10.87	15	8.82
		专业必选课	224	168	20	36	10.14	14	8.24
		美育必修课	32	32	0	0	1.45	2	1.18
		创新创业课	48	48	0	0	2.17	3	1.76
			16	16	0	0	0.72	1	0.59
	选修	专业限选课	248	152	32	64	11.23	15.5	9.12
		专业任选课	272	206	18	48	12.32	17	10.00
		美育选修课	32	32	0	0	1.45	2	1.18
		公共选修课	32	32	0	0	1.45	2	1.18
	合计		2208	A = 1814	B = 214	C = 180		132	
集中实践教学环节			专业教育实践					D = 36	21.17
			创新创业教育实践					E = 2	1.17
总学分								170	
实践教学学分占总学分百分比 = 36.25%									

1.4.4 修业毕业要求

1）修业毕业须达到的基本要求

（1）熟练掌握工程科学基础理论、工程项目管理知识、智能交通专业知识与技术。

（2）熟悉国家智能交通的技术标准，了解智能交通理论前沿与发展动态，具有较强的工程实践能力。

（3）具备一定的人文科学素养和工程素养，有较强的职业道德和社会责任感，具备团队合作以及组织协调能力。

（4）在智能交通及其相关领域，从事系统规划、设备研发、工程设计、系统集成、维护、运行、销售等工作。

（5）培养面向智能交通系统建设一线，具有一定国际工程视野、有成长力的工程师和管理者。

2）毕业生应具备的专业知识与能力

本专业学生主要学习数学、外语、计算机等基础知识理论，具备基本的交通工程学科和智能交通运输系统的理论和实用技术，具有较强的分析问题和解决问题的能力。

毕业生应具备如下专业知识与能力：

（1）具有较扎实的学科理论知识，熟练掌握一门外语并能较熟练地利用本专业的外文资料。

（2）较系统地掌握交通设备与控制工程的技术理论、基本知识和基本技能。

(3)掌握交通设备机电系统整体和零部件、各装置的结构性能的分析和设计方法。

(4)掌握交通设备与控制工程所必需的电气、电子和信息学科的基本知识和技能。

(5)具有必需的实验、文献检索的技能,了解交通设备与控制工程专业科技发展的新动向和发展趋势。

(6)具有初步的交通设备与控制工程新技术、新工艺、新设备的研究、开发和组织管理能力。

(7)具有较强的创新意识和获得新知识的能力。

1.5 怎样学好交通设备与控制工程专业

交通设备与控制工程专业是近些年才新发展起来的一个专业,具有自身很多特点与特色,要学好该专业须要深入思考和努力践行以下几个方面的内容。

(1)深入理解和准确地把握什么是交通设备与控制工程

在整个学习过程中,每一个学生都务必要认真思考和深入领会交通设备与控制工程究竟是什么样的一个专业,它的定义和主要功用是什么。要在学习整个过程中逐步加深对其内涵、特点及典型特征等内容的深入理解与把握,要在不断地思考与探索中完成整个专业的学习过程。这样,有利于学生在校期间明确学习目标,提升学习兴趣,调动学习的积极性和主动性,真正做到学有方向,学有动力;也有利于学生在未来的专业发展上有一个长期的思考、坚持与发展。

(2)明确为什么要学习交通设备与控制工程专业内容

交通设备与控制工程专业是一个综合性很强的专业,它涉及交通工程、硬件集成和软件开发等多个领域,是交通设备与控制工程的有机结合。作为该专业的学生在思想上要明确为什么要学习该专业以及学习该专业的重要性。首先,交通设备与控制工程是实现交通信息化、智能化、现代化以及缓解城市交通拥堵的重要举措;其次,交通设备与控制工程是交通工程、智能交通、物联网、交通设备等领域的综合应用和重要组成,未来具有很大的发展空间和市场;另外,在目前及今后一个时期内,我国对交通设备与控制工程专业方面的人才需求非常紧迫,对该领域中综合性应用人才更为需求。

(3)全面系统地把握交通设备与控制工程专业的学习内容

在学习初期阶段,学生首先应学好交通设备与控制工程专业导论课程,了解本专业的教学计划与课程安排,了解该专业的培养目标和专业特色,系统地掌握该专业所开设的所有基础课、技术基础课、专业课以及各种实践教学环节,全面掌握该专业的"一个基础""三个支柱""一个平台"的课程体系结构,明确该专业要培养和应具有的各种通用能力、专业能力、实践能力以及各种社会活动能力,明确每一个学生毕业时应达到的学业水准。这样,有利于学生从大学一开始就能够全面系统地了解整个学业全过程的理论学习、实践锻炼以及社会活动的组织安排情况,有利于学生主动和自觉地配合学校的专业学习和社会实践锻炼,有利于学生专业能力的系统培养和专业人才水平的全面提升。

(4)认真深入地思考怎样学习交通设备与控制工程专业内容

要学好交通设备与控制工程专业,需要做到"三多":"多阅读""多思索""多实践",同时要走出课堂,走入图书馆、走入实验室、走入社会。

"多阅读":主要是指要多阅读有关专业书籍、专业论文和工程技术方案与资料,广泛阅读,重视专业积累效应。

"多思索":是指要锻炼自己在学习过程中善于多思考、多联想、多质疑、多探索、多协作、多创新。

"多实践":主要是指平时要积极参与教学实验、实习等各种实践教学环节,还要在平时或假期多深入企业、社会,多参与专业实践、生产实践或科学研究等活动,多参与其他社会实践活动。

做到了这几点,有利于学生很快地提升自己的专业水平和实践能力。

(5)学习交通设备与控制工程须达到的目标

①应达到在校的专业教学目标和人才培养综合目标。

②应达到学生专业毕业设计教学标准。

③应达到企业用人和社会需求的初步目标。

本章小结

本章系统阐述了交通设备与控制工程的概念、专业设置的目的和意义、专业导论的作用与主要内容,介绍了专业的形成与发展过程,明确指出了专业定位、培养目标、专业特色以及对专业能力与素质发展的要求,给出了专业的课程设置、课程体系结构和时空矩阵图、课程教学计划与进程、学生修业毕业须达到的基本要求,为下一步深入学习该专业奠定了基础。

练习与思考题

1. 什么是交通设备与控制工程?专业导论课的作用及主要内容是什么?

2. 谈谈你自己对交通设备与控制工程专业定位、培养目标以及专业能力和素质发展的观点或意见。

3. 简述你对本专业课程设置与课程体系结构的认识。

4. 你自己对学习该专业须达到的基本要求有何感想?

第二部分

专业主要课程与技术理论

第 2 章 公共基础课——公共基础知识理论

> **本章学习目标**
>
> 本章介绍交通设备与控制工程课程体系中各门公共基础课包含的主要知识,通过本章的学习,应重点掌握以下内容:
> ★ 公共基础课包含的课程
> ★ 学习公共基础课的目的
> ★ 各门课程的主要知识点
> ★ 公共基础课的学习方法

公共基础课总体上可以分为三大模块:社会科学公共基础课、自然科学公共基础课、实践环节公共基础课,是培养德智体全面发展人才,为进一步学习提供方法论而设立的基础课程。公共基础课对于大学生综合素质的提升具有重要意义,也为大学生公共基础知识掌握和参加研究生入学考试奠定基础。

2.1 政治理论基础与道德修养

本类课程是大学教学课程体系中的必要环节和重要组成部分,属于社会科学公共基础课,包括马克思主义基本原理概论、毛泽东思想和中国特色社会主义理论体系概论、中国近现代史纲要、思想道德修养与法律基础和形势政策等课程,通过此类课程的教学,能够帮助学生建立正确的世界观、人生观和价值观,培养学生的爱国精神,让学生理解哲学和自然科学的关系,帮助学生树立正确的人生目标。

2.2 军事理论与体育

军事理论和大学体育是实践环节公共基础课,主要促进大学生综合素质的提高。

军事理论是我国普通高等学校的公共基础课之一,其开设目的是适应我国人才培养的战略目标和加强国防后备力量建设的需要,通过教育努力培养高素质的社会主义事业建设者和保卫者。该课程以国防教育为主线,教育学生掌握基本军事理论知识,达到增强学生国防观念和国家安全意识的目的,强化爱国主义、集体主义观念,加强组织纪律性,促进大学生综合素质的提高。军事理论安排在第 1 学期军训期间开课,总学分为 2 分,总学时为 32 学时。

大学体育是我国普通高等学校的公共基础课之一,大学体育是以身体练习为主要手段,通过合理的体育教育和科学的体育锻炼,使大学生达到增强体质、增进健康和提高体育素养为目的的课程,是实施素质教育和培养全面发展人才的重要途径。通过本课程,培养学生参与锻炼的积极性,使学生掌握科学锻炼身体的基本原理和方法,达到身体健康、心理健康和社会适应性教育目标。本课程开设于第1至4学期,总学分为4分,总学时为128学时。

2.3 专业基础知识与理论

专业基础知识与理论系列课程主要包括大学英语、高等数学、线性代数、概率论与数理统计、大学物理、大学物理实验、人工智能基础和计算机技术基础,是交通设备与控制工程本科专业的自然科学公共基础课,是后续专业课程学习的基础,在整个课程体系中有着重要的支撑作用。

(1)大学英语

大学英语安排在第1至4学期,总学分为12分,总学时为192学时,其后续课程为专业外语。通过本课程的学习使学生能够具备基础的外语知识水平,具备一定的听力理解能力、口语表达能力、阅读理解能力、书面表达能力和翻译能力。课程内容主要包括听力、口语、阅读和写作等核心内容。课程的教学主要以听说读写为主。本课程的学习应通过大量的练习和听说读写训练不断的巩固已学知识。当学生具备一定的英语能力之后,可以参加大学英语四级和大学英语六级的考试,英语也是考研的主要课程之一。

(2)工程的基础——数学类课程

高等数学安排在第1至2学期,总学分为10分,总学时为160学时,其后续课程为线性代数、概率论与数理统计、大学物理、计算机计算基础、电工与电子技术等课程。课程内容主要包括一元函数及极限、一元函数微分学、一元函数积分学、微分方程、空间解析几何与向量代数、多元函数微分法及其应用、重积分及其应用、曲线曲面积分、无穷级数等。

线性代数安排在第3学期,总学分为2.5分,总学时为40学时,其主要后续课程为运筹学。课程内容主要包括行列式、矩阵、线性方程组、相似矩阵及二次型等。

概率论与数理统计安排在第4学期,总学分为3分,总学时为48学时。课程内容主要包括随机事件与概率、随机变量、随机变量的数字特征、数理统计的基本知识、参数估计和假设检验等,一般本科生只需要学习概率论知识,将数理统计内容放在研究生阶段学习。

数学类课程具有理论性较强、公式推导多、课程学习难度较大的特点,教学内容以理论教学为主,教学方式建议采用课堂理论教学为主,教学模式以板书教学为主;另外,配备大量的练习或作业提高学生对知识的把握程度。学生应在课下认真预习、课上认真听讲、课下通过大量的练习和作业题复习巩固已学知识。数学类课程是考研的主要课程之一。

(3)大学物理

大学物理安排在第2至3学期,总学分为4分,总学时为64学时,其后续课程为大学物理实验,也是后续控制类课程的基础。课程内容主要包括质点运动学、牛顿定律、动力学基本定理与守恒定律、刚体的定轴转动、静电场、恒定磁场、机械振动、机械波、气体动理论、热力学等内容。大学物理课程具有理论性较强、课程学习难度较大的特点,教学内容以理论教学为主,配备大学物理实验提高学生对知识的理解程度。通过大学物理课程的学习,为后续电工与电子类课程的学习打下基础。

(4) 专业支柱之——计算机语言

人工智能基础安排在第 1 或第 2 学期,总学分为 1 分,总学时为 16 学时,其后续课程为计算机技术基础等计算机类课程。课程内容主要包括人工智能搜索求解的原理和方法;知识与推理,包括各种知识表示和处理技术、各种典型的推理技术;学习与发现,包括机器学习算法和数据挖掘算法以及在相关领域的应用。

计算机技术基础是交通设备与控制工程专业最重要的计算机类核心公共基础课,计算机语言分为 C、JAVA、Python 等多种语言,该课程安排在第 2 学期,总学分为 3 分,总学时为 48 学时,其后续课程为所有计算机类课程。课程主要内容是高级程序设计语言基础知识和语法规则,以及程序开发工具的使用。

人工智能基础和计算机技术基础课程教学内容以实验教学为主,实际操作能力要求比较高,通过大量的实践练习提高学生对知识的把握程度。学生应在课上和课下多加练习、勤于动脑,多进行操作软件实践,更好地提高对课程和软件的把握能力。通过计算机语言课程的学习能够熟练进行编程,能够完成语言程序设计、编写、实现,为后续计算机类课程学习打下基础。

本章小结

本章系统阐述了交通设备与控制工程的公共基础课的课程基本情况、学时、学分、开课学期等基本要求,介绍了课程开设的目的、课程的主要内容,以及教学方式和学习方式,为下一步深入学习该专业奠定了基础。

练习与思考题

1. 交通设备与控制工程的公共基础课有哪些?
2. 数学类课程有哪些,应该通过哪种学习方式更好地掌握数学类课程知识?
3. 通过哪种学习方式更好地掌握大学英语课程知识?
4. 如何学好计算机语言课程?

第3章 学科基础课——基本技能与工具

> **本章学习目标**
>
> 本章介绍交通设备与控制工程课程体系中各门学科基础课包含的主要知识。通过本章的学习,应重点掌握以下内容:
> ★ 学科基础课包含的课程
> ★ 学习学科基础课的目的
> ★ 各门课程的主要知识点
> ★ 学科基础课的学习方法

学科基础课是学习专业课程的前置性基础课程,对于后续交通、计算机、控制类专业课程的开设奠定基础。

3.1 专业基础的认知——交通设备与控制工程专业导论

3.1.1 课程介绍

交通设备与控制工程专业导论是交通设备与控制工程本科专业的学科基础课之一。本课程使学生了解交通设备与控制工程专业设置、本专业与社会经济发展的关系、专业内涵和发展趋势、本专业涉及的主要学科、专业人才培养模式和基本要求、知识要求和课程体系等,帮助学生形成较系统的专业认识体系,在整个课程体系中有重要的支撑作用。本课程是交通工程学、智能交通系统等一系列课程的先导课。

开课安排:建议本课程开设于第1学期,设置16学时,1学分。

教学模式:本课程为通识类课程,所以教学方式建议采用课堂教学为主,教学模式以多媒体教学为主,另外配备一定的参观实习提高学生对专业的宏观把握程度。

教学重点:交通设备与控制工程专业的培养目标和课程结构体系。

教学难点:无。

【说明】:建议学生在学习过程中,广泛搜集各门课程资料,对每一门课程的内容宏观把握。

3.1.2 课程主要内容

本课程主要包括专业基础与课程体系、专业主要课程与技术理论、专业应用案例、创新创业4项核心内容。以下是各部分内容的详细介绍。

(1) 专业基础与课程体系

本部分主要介绍本专业的概念、发展、培养目标与特色、课程结构与课程体系以及相关学习方法。

(2) 专业主要课程与技术理论

本部分主要介绍专业基础课、学科基础课、交通类课程、硬件类课程以及软件类课程的设置情况。

(3) 专业应用案例

本部分介绍智能交通系统集成的若干典型案例。

(4) 创新创业

本部分主要介绍大学生职业生涯规划和大学生成长的相关课程。

3.1.3　课程学习目标

本课程的目的是使学生了解智能交通领域发展历程以及未来方向，了解交通设备与控制工程专业培养目标、培养计划以及主要课程学习内容，明确专业就业定位。

3.2　工程师的语言——工程制图和交通工程CAD

3.2.1　课程介绍

工程制图在工程领域中是工程师的语言，而交通工程CAD则是当今工程技术领域中应用最多、最广的计算机辅助设计与绘图软件AutoCAD在道路工程、交通设计及交通控制中的应用。这两门课程都属于交通设备与控制工程本科专业的基础课程。两者的教学层次关系是：工程制图是交通工程CAD的先导课，是工程绘图与工程设计的理论基础，而交通工程CAD则是工程制图课程的延续与强化，是在工程制图学习的基础上，借助于先进的计算机工具软件实现学生在计算机辅助设计与绘图手段上的提升。

工程制图课程学习目的是训练学生的空间想象力和早期的工程思维模式，掌握工程制图的国家标准，培养学生的手工绘图基本技能和运用工程技术语言表达自己设计思想的方法与能力。

开课安排：建议本课程开设于第1学期，设置64学时，4学分。

教学模式：理论教学与实训操作相结合。

教学重点：训练学生的工程思维和空间想象力，训练和培养学生的手工工程绘图方法与能力。

教学难点：工程空间想象力的训练和手工绘图技巧。

交通工程CAD作为工程制图的后续课程，开设的主要目的是引导学生系统学习并熟练掌握AutoCAD绘图软件的使用方法与技巧，灵活应用该工具软件从事于本专业的工程设计与绘图工作。鉴于在教学过程中需要一定的专业基础理论或知识作为支撑，所绘制的很多工程图形都与诸多专业技术紧密相关，在绘图过程也往往需要学生对一些专业术语、基本方法、技术要求、设计原理以及标准规范等有一定的了解或掌握。因此，在开设该门课程之前，除需工程制图先导课外,还应在前期开设交通工程学、道路工程等相关的专业技术基础课程,以便学生提前学习和掌握有关的交通工程、道路工程等基础理论和知识。

开课安排:建议本课程开设于第 4 学期,设置 32 学时,2 学分。

教学模式:以实操实训为主,理论教学为辅。

教学重点:培养学生的 AutoCAD 使用技能,训练学生结合交通设备与控制工程专业熟练应用计算机绘图的能力。

教学难点:绘图技巧训练和综合应用。

考核方式:以上机考核为主。

【说明】:这两门课程的实践性较强,需要加强实操实训教学环节,强化学生动手能力培养。

3.2.2 课程主要内容

1)工程制图课程

工程制图的教学内容包括 5 部分。

(1)制图基本知识与技能

主要讲述国家标准和关于工程图样的基本规定;常用几何作图方法;平面图形分析、画图步骤和尺寸注法。

(2)投影基础

主要讲述投影法;点、直线、平面投影;基本体的投影。

(3)制图基础

主要讲述组合体作图的基本方法、机械图样的基本表示法、正等轴测图的绘制。

(4)标准件和常用件

主要讲述螺纹结构的图样表示法、标准件和常用件绘制。

(5)机械制图

主要讲述识读和绘制典型零件图、识读和绘制装配图。

2)交通工程 CAD 课程

交通工程 CAD 的教学内容包括 9 个部分。

(1)AutoCAD 基础知识

首先,从 AutoCAD 绘图软件的入门和基本操作入手,由浅入深地介绍该软件系统的基本组成与简单使用。主要介绍 AutoCAD 的基础知识,重点阐述 AutoCAD 工作空间的组成、图形文件管理、绘图环境设置、命令调用方式与操作、视窗显示操作、精确绘图辅助工具的设置、坐标系的使用以及各种界面、按钮和工具的使用方法等内容。其中,AutoCAD 的工作界面及其组成如图 3-1 所示。

通过上述学习,要求学生了解 AutoCAD 工作空间的基本组成与切换方式,熟悉绘图界限、绘图区颜色、绘图单位、绘图比例等绘图环境的设置,熟悉视窗显示的操作方法,熟练掌握图形文件的新建、打开、保存、加密等基本操作,灵活运用 AutoCAD 命令的调用方式及基本操作,灵活运用精确绘图辅助功能的设置与使用,全面掌握坐标系的使用方法,并初步掌握 AutoCAD 图形文件的管理、设置、使用、查看及精确绘图辅助工具使用等综合运用,为下一步深入学习奠定基础。

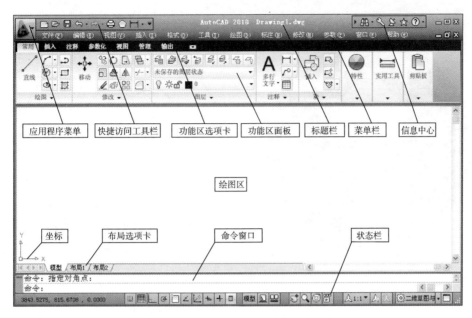

图 3-1　AutoCAD 的工作界面及其组成

(2) 基本绘图工具的使用

绘图工具的灵活使用是 AutoCAD 的基本操作。在工程绘图过程中,任何一幅图形都是由一些最基本的元素组成,如点、直线、圆、多边形、椭圆、多段线和图案填充等。因此,熟练掌握各种基本图形的绘制方法是绘制复杂图形的基础。

AutoCAD2010 提供了多种形式的二维图形绘制命令,用户可通过菜单、面板、工具栏或在命令行中输入命令等多种方式调用或执行绘图指令。在 AutoCAD2010 中,绘制每一种图形通常只有一个命令,而调用或执行命令的方式则可以有多种,用户可根据自己的喜好选用。

该部分主要讲述二维绘图工具的使用及基本图形的绘制方法,重点阐述直线、圆、圆弧、椭圆和椭圆弧、矩形、正多边形、圆环、修订云线、样条曲线、点对象、多段线等工具的使用,并通过大量的综合实例强化绘图训练。重点培养学生使用绘图工具从事二维交通图形绘制的能力和技巧,要求达到熟练掌握、灵活运用的程度。简单的二维绘图示例如图 3-2 和图 3-3 所示。

(3) 图形编辑工具的使用

虽然用户可以使用上述的基本绘图工具及辅助绘图功能来绘制一些简单的图形,然而这在实际绘图过程中是远远不够的,还需要借助于各种编辑功能以满足用户快速、准确绘制复杂图形的需求。为此,AutoCAD 还提供了诸如对象选择、移动、删除、修剪、延伸、复制、偏移、镜像、阵列等多种形式的编辑功能,以便于实现对所绘图形的重新编辑,从而大大提高绘图效率和质量。

这部分主要讲述二维图形的编辑功能和具体操作,例如选择对象、使用夹点编辑图形、删除与复制、移动与旋转、镜像与阵列、偏移与缩放、拉长与拉伸、修剪与延伸、打断、合并与分解、倒角和圆角、编辑复杂图形对象,介绍图案填充与面域的具体操作,并通过大量交通工程图形的编辑实例进行实操训练,主要目的是培养学生的图形编辑能力和快速、高效绘制复杂图形的技巧。图形编辑效果示例如图 3-4 所示。

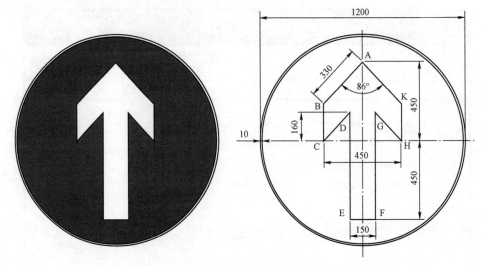

图 3-2 交通直行指示标志(尺寸单位:mm)

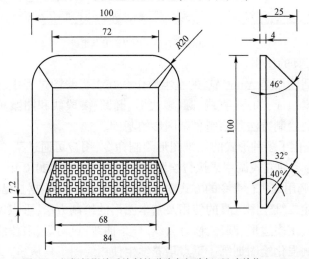

图 3-3 根据投影关系绘制的道路突起路标(尺寸单位:mm)

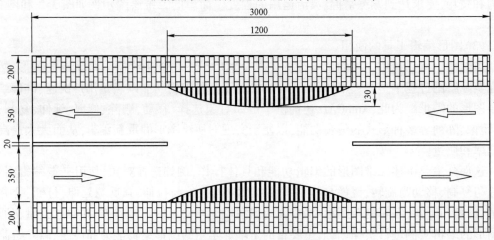

图 3-4 道路路段图案填充效果示例(尺寸单位:cm)

(4)工程图的文字与尺寸标注

在工程绘图中,图形主要用于反映各对象的形状,而对象的实际大小、相互的位置关系以及必要的说明则必须通过尺寸标注、公差标注和文字标注来精确确定。因此,文字标注、尺寸标注和公差标注等统称为工程标注,它是交通工程绘图中不可或缺的重要组成部分。

这部分主要阐述文字标注与尺寸标注的基本方法,包括文字样式的设置、文字标注、文字编辑、表格的创建与编辑、尺寸标注样式的创建与修改、尺寸的标注方法等;还简介了公差的标注与编辑。通过学习,学生应该掌握文字标注和尺寸标注基本方法,灵活运用。

(5)图层的创建与使用

图层是 AutoCAD 的重要功能之一,它是绘制图形的基础空间,利用它可方便地实现对图形的分层管理。使用图层有两大优势:既可以通过改变图层的属性,统一调整该图层上所有对象的线型与颜色等;又可以利用图层的操作,统一隐藏、冻结该图层上的所有图形对象,实现对每个图层的单独控制,以便于图形绘制。

这部分重点阐述图层的创建与使用的基本方法,介绍图层的功能、图层的创建、图层特性的设置、图层状态的控制、图层的编辑以及图层状态的保存与调用等内容。通过学习,要求学生熟练掌握创建新图层的基本方法,熟悉图层颜色、线型和线宽等特性的设置操作,了解控制图层显示状态、编辑图层、保存和调用图层状态的操作方法等。图层创建与图层属性设置示例如图3-5所示。

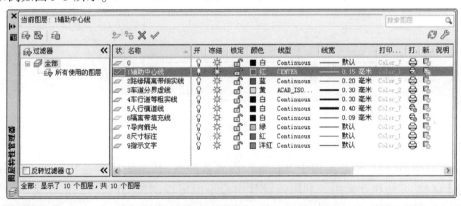

图3-5 图层创建与图层属性设置示例

(6)图块与外部参照

在工程绘图中,经常需要绘制一些固定的图形符号或结构相同的图形,如各类标志、标牌、构造物、安全装置与设施等。如果每次都从头重复绘制这些图符或图形,将会增大很多绘图工作量,造成工作效率低下。AutoCAD 为用户提供了一种定义图块的方法,可将这些固定的图形符号或相同结构的图形预先定义成图块,在需要时将其插入到图形的指定位置,还可以使用复制、移动、旋转、比例缩放、镜像、删除和阵列等方法进行编辑。这样,不仅可简化绘图,提高效率和水平,便于统一修改,而且还可减少图形储存的磁盘空间。

图块是由一组图形或实体组成的集合实体,是绘制在几个图层上的不同特性对象的组合。在绘制大量相同或相似的图形内容时,用户可以利用图块功能将雷同的部分定义成图块,然后在需要时直接插入使用;也可以将已有的图形文件插入到当前图形中编辑和修改,从而提高绘图效率。

图块总是在当前图层上,但图块参照则保存了该块对象的原图层、颜色和线型特性等信息。用户可以控制图块中的对象使其保留原特性或继承当前的图层、颜色、线型或线宽设置。

图块的确定通常需要三个要素:图块名、图块所包含的对象和图块的插入基点。图块的三要素在图块的定义和使用中都会用到。

图块分为内部块和外部块两种形式。内部块跟随定义它的图形文件一起保存在图形文件的内部,它只能在本图形文件中插入或调用。外部块不依赖于某一个图形文件,其本身就是一个图形文件,即在图形文件中创建图块后,该图形文件中并不包含这个图块,图块以文件的形式存储在计算机中。

这部分主要讲述图块与外部参照的操作方法与技术应用,重点阐述图块的创建、保存、插入、编辑、属性的设置以及外部参照的使用等。通过本部分学习,学生应该熟练掌握图块和外部参照的基本使用方法,并灵活运用到工程实际中,为下一步交通工程 CAD 的综合应用奠定基础。图块的具体应用示例如图 3-6 所示。

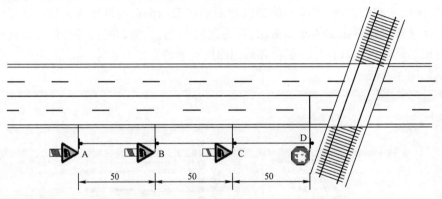

图 3-6　图块具体应用示例(尺寸单位:m)

(7) 设计中心与参数化工具

AutoCAD2010 设计中心类似于 Windows 资源管理器,其主要功能是共享 AutoCAD 图形中的设计资源,方便相互调用。利用该设计中心不但可以浏览、查找、打开、预览、管理和共享 AutoCAD 图形、图块和外部参照等文件,还可以共享尺寸标注样式、文字样式、表格样式、布局、图层、线型、图案填充、外部参照和光栅图像;不仅可以调用本机上的图形,也可以调用局域网上其他计算机上的图形。设计中心是一个协同设计过程的共享资源库,用户可以利用和共享大量的现有资源来简化绘图过程,提高绘图效率。

这部分主要介绍设计中心与参数化工具的概念与使用,重点讲述设计中心的功能及组成、信息查询的内容与方法、几何约束的添加与编辑、标注约束的添加与编辑以及参数化绘图的一般步骤与操作方法等。通过学习,学生应了解设计中心的主要功用,熟练掌握信息查询方法、几何约束与标注约束的使用方法,掌握参数化绘图的基本方法与步骤。熟练掌握和灵活运用参数化工具,对于提高绘图速度和质量具有重要的实用意义。

(8) 图形的打印与输出

打印输出是工程绘图的一个重要环节。通常情况下,用户都是在【模型空间】绘制二维和三维图形,然后通过【模型空间】直接打印输出图形,或通过创建和编辑布局从【图纸空间]打印输出图形。打印输出的过程涉及打印参数设置、打印样式表使用、打印比例协调设置、注释特性的应用以及布局的创建与编辑等多方面的技术和方法。

这部分主要讲述图形的打印输出与数据交换,内容包括模型空间与图纸空间、打印输出设置、在模型空间和图纸空间中打印输出图纸、图形文件发布与输出、数据交换与格式转换等。通过学习,应深入理解模型空间与图纸空间概念及二者关系,了解如何使用两个不同的空间;掌握创建和编辑布局的基本方法、视口的创建和编辑基本方法、不同视口的比例标注;熟练掌握打印参数的设置、打印样式表的设置、打印机的设置、输出比例的设置以及打印输出的基本方法;掌握不同类型的图形文件的发布方法;一般掌握数据交换与格式转换的方法及应用。要求能够熟练掌握图形打印输出的设置与操作。

(9)交通设备与控制工程绘图综合应用

这部分主要通过各类交通工程或交通设备与控制工程综合实例的绘制,重点训练和提升学生工程实用图形的绘制能力与技巧,目的是加强学生对工程绘图的深度认识,巩固所学AutoCAD绘图技术,提高交通工程绘图综合应用能力。通过工程实际图形的绘制,在熟练掌握交通工程绘图基本方法的基础上,全面提升交通工程CAD的综合应用能力及绘图技巧。机电设施设备工程图绘制示例如图3-7和图3-8所示。

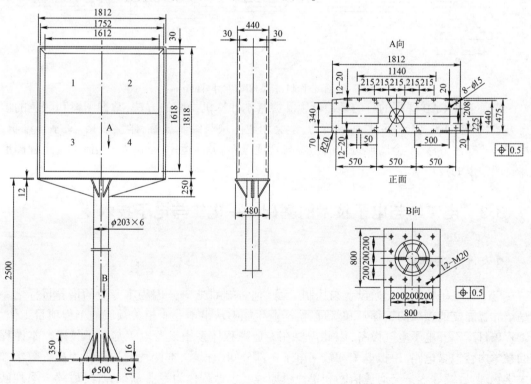

图3-7 小型可变信息标志安装图(尺寸单位:mm)

3.2.3 课程学习目标

工程制图课程的目的是使学生掌握基本视图、局部视图、剖视图、断面图的画法;掌握标准件和常用件的规定画法和标注。

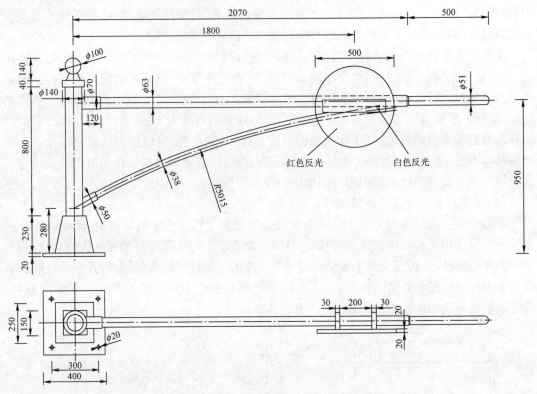

图 3-8 车道手动栏杆结构图(尺寸单位:mm)

交通工程 CAD 课程的目的是使学生掌握基本计算机绘图的方法,掌握图案和颜色的填充方法,掌握创建复合图元的基本技巧,学会创建图块与编辑属性,学会表格、文字等编辑,掌握尺寸标注方法,学会图形资源的组织与管理,达到灵活运用 AutoCAD 绘制复杂工程图形并打印输出的技巧与方法。

3.3 电工学与电子技术的基础——电工与电子技术

3.3.1 课程介绍

电工与电子技术是交通设备与控制工程专业基础课之一。因为本专业的培养目标之一是培养智能交通领域的工程师和管理者,毕业生能够从事本专业相关领域的工程项目工作。工程项目离不开电子电气设备,因此需要在专业课程体系中设置电工与电子技术。本课程的教学内容包含电路、模拟电子和数字电子 3 部分知识模块,本课程的先导课为高等数学和大学物理,后续课程是交通通信网和单片机原理。本课程作为专业基础课,是后续一系列硬件集成类课程的主要先导课,学习本课程时要注意打好坚实的基础。本课程理论性和实用性都很强,学生应注意同时把握好课堂学习和实验学习,在实验中验证电工电子的理论。

开课安排:建议本课程开设于第 2 和第 3 两个学期,设置 80 学时,5 学分。

教学模式:以理论教学为主。

教学重点:电路分析的基本理论、正弦交流电路的分析、放大电路的分析和数字电路基本运算。

教学难点:正弦交流电路的分析、放大电路的分析和数字电路基本运算。

3.3.2 课程主要内容

本课程内容多,包含了电路技术、模拟电子和数字电子技术3部分内容,具体知识点包括:

(1)电路的基本概念与基本定律

本部分知识点包括电路的作用与组成,绘画电路模型的方法,确定电压电流参考方向,基尔霍夫定律;电路的电位及其计算,电压源和电流源模型,电源模型及等效变换方法;支路电流分析方法和结点电压分析方法;叠加原理和戴维宁定理。

(2)电路暂态分析

本部分知识点包括电阻元件、电感元件和电容元件定义,换路定则,一阶线性电路暂态分析的三要素法;RC电路的响应,RL电路的响应,时间常数的意义,暂态响应曲线。

(3)正弦交流电路

本部分知识点包括正弦交流电三要素,正弦量的相量表示方法,电路基本定律的相量形式及阻抗,单一参数交流电路,阻抗的串并联,正弦交流电路的相量分析法,相量图的概念,有功功率和功率因数的计算,瞬时功率、无功功率和视在功率的概念。三相交流电压的概念,三相四线制供电系统中单相及三相负载的正确连接方法,对称三相电路电压、电流及功率的计算。三相异步电动机的构造、转动原理、转矩与机械特性,三相异步电动机的起动、调速、制动,铭牌数据的分析和使用。

(4)半导体器件和放大电路

本部分知识点包括半导体的导电特性,PN结及其单向导电性,二极管、双极型晶体管结构、特性、参数,共发射极放大电路静态分析、动态分析方法,集成运算放大器特点、参数及理想运放分析依据,集成运算放大器在信号运算方面的应用。

(5)数字电路基础

本部分知识点包括数字信号特点,数字电路、脉冲信号等基本概念,各种门电路的图形符号和文字符号及其逻辑功能,逻辑代数法则,逻辑函数的表示和化简,常用触发器的类型及其逻辑符号、逻辑功能与应用,组合逻辑电路的分析和设计。

3.3.3 课程学习目标

通过本课程的学习,学生应掌握电工技术基本理论和基本分析方法,掌握模拟电子和数字电子技术基本理论和基本分析方法,熟悉基本电工仪表和常用电子仪器使用方法,了解电工的基本常识和安全用电知识。

学完本课程后,学生应能够读懂电气原理图,初步具有由电气原理图变换成安装接线图的能力,具备简单电子电路读图能力,能根据使用说明书、维修说明书进行试验设备、仪器仪表的维护保养、故障诊断、电路维修,能够运用所学知识对交通系统中所涉及的电子电路进行分析处理,解决常见的电路故障,并为解决复杂工程问题提供知识和方法。

3.4 现代管理学的重要基础——运筹学

3.4.1 课程介绍

运筹学是交通设备与控制工程本科专业的工程基础课,是研究如何将交通管理过程中出现的运筹问题加以提炼,并利用数学方法进行解决的应用学科,具有实用性和综合性强等特点。本课程开设的目的是使学生掌握交通最优化的数学知识和建模方法。本课程的理论性较强,难度较大,也是很多院校考研专业课程之一。本课程的先导课为高等数学和线性代数。

开课安排:建议本课程开设于第 5 学期,设置 56 学时,3.5 学分。

教学模式:以理论教学为主,配备大量练习。

教学重点:学生对数学知识的把握能力和交通建模的能力。

教学难点:各种优化模型的推导和掌握。

【说明】:本课程难度较大,理论性较强,建议学生在学习过程中,广泛搜集本课程资料,多理解练习。

3.4.2 课程主要内容

本课程内容分为线性规划、运输问题、整数规划、目标规划、动态规划、图与网络分析、排队论和决策论等。

(1) 线性规划

本部分通过实际案例抽象出线性规划的基本概念和线性规划模型的一般形式。重要的基本概念包括约束条件、决策变量和目标函数,决策变量代表每个问题的抽象变量,目标函数是关于决策变量的线性函数,代表问题的最终目标,约束条件是关于决策变量的线性等式或不等式。线性规划的目标是能求解出最优化的目标函数。

求解线性规划问题的结果可能出现多种情况,包括有唯一最优解、无穷多最优解、无界解和无可行解。后两种情形表示该线性规划问题无最优解,表明其数学模型存在错误,或者缺乏约束条件,或者存在相矛盾的约束条件。

应用线性规划可以解决经济类、管理领域的诸多问题,其中的关键步骤是建立合适的模型。学习时,应注意掌握数学建模的方法和技巧。

(2) 运输问题

运输问题是线性规划中的一类重要内容。所谓运输问题,指产品从产地向销售地运输中,已知各个产地的供应量和销售地的需求量,以及各地之间的运输成本,如何设计总运费最小的运输方案。

建立运输问题模型时,首先确定决策变量和目标函数,然后设立约束条件,得到线性规划数学模型,即一组线性方程组。运输问题一定存在最优解,并且如果运输问题的供应量和需求量是整数值,该问题一定存在整数最优解。

由于运输问题的求解简单,人们常常将实际问题转换成运输问题处理,比如短缺资源的分配、生产计划等。

(3) 整数规划

在线性规划问题中,如果决策变量值必须取整数,该类问题称为整数规划问题。根据对变量要求的不同,整数规划分为纯整数规划、混合整数规划和0-1整数规划三类。纯整数规划问题中,要求所有的变量都是整数;混合整数规划中,部分变量是整数值;0-1整数规划中,变量值只能取0或1。

由于整数规划的特殊性,其求解方法比较特殊,如分支定界法和割平面法等,不适合手工计算。规模较大的整数规划问题通常用Lingo等专用软件进行求解。

(4) 目标规划

在实际问题中,很多决策需要同时考虑多个不同目标的优化,即多目标决策问题。此时不能用求解单目标问题的方法来解决。目标规划就是解决多目标决策问题的方法。在目标规划中,包含正负偏差变量、绝对约束和目标约束、优先等级和权系数等术语。

建立目标规划模型时,首先根据实际问题需要满足的条件和目标设立决策变量,列出目标约束和绝对约束。然后通过引入正负偏差变量将绝对约束转化为目标约束。接下来,根据目标的主次关系,列出各个目标的优先级,并赋予相应的权系数。最后,确定各级的目标函数进行求解。

(5) 动态规划

动态规划研究多阶段的决策问题。在实际情况中,有一类问题可以分解为若干相关联的子问题,每个子问题都需要进行决策选择,每个决策不仅影响本阶段的子问题,还会影响后续阶段的决策。因此,各个阶段的决策组成了决策序列,就是解决整个问题的方案,称为策略。由于每个阶段的解决方案不止一个,因此问题的策略也不唯一。求解最优策略的问题称为多阶段决策问题,即动态规划。

动态规划中介绍了阶段、状态、决策、状态转移方程、策略、指标函数和最优值函数、最优解等概念。建立动态规划模型时,首先将过程划分成恰当的阶段,然后正确选择状态变量,确定决策变量和允许决策变量,写出状态转移方程、阶段指标函数和过程指标函数,最终确定函数基本方程,进行求解。

(6) 图与网络分析

图是运筹学中最早形成的分支,是解决离散数学模型的重要工具。现实中很多问题可以利用图形的方式直观地描述,因此逐渐形成了运筹学中的图和网络分析。网络分析中,典型的问题包括最小树问题、最短路问题、最大流问题等。

(7) 排队论

排队论是运筹学中的一个分支。排队,指需要得到服务的对象加入等待的队列。需要得到服务的对象称为顾客,提供服务的机构称为服务台,顾客和服务台构成了服务系统。在现实世界中,排队现象经常出现,排队论中的顾客可以是人或物,也可以是无形的东西。不同的顾客和服务组成了各种排队系统。

一般的排队系统包括输入过程、排队规则和服务机构3部分。输入过程是要求顾客按怎样的规律到达排队系统的过程。排队规则包括等待制、损失制和混合制。服务机构可以从机构数量、服务方式和服务时间分布3个方面进行描述。

（8）决策论

决策是为了实现某一特定目标，从所有可选择方案中确定最优方案的过程。决策中对结果产生影响的主要因素称为决策要素，一般包括决策者、可行方案、自然状态、行为准则和损益矩阵。

根据自然状态的情况，决策问题分为确定型决策、不确定型决策和风险型决策问题。当状态完全确定时，称为确定型决策；若无法确定状态发生的概率，称为不确定型决策；若决策者已知各个自然状态发生的概率，称为风险型决策问题。

3.4.3 课程学习目标

本课程的目的是使学生掌握运筹学的各种经典理论，掌握最优化的理念和方法，能够进行数学建模，具备运筹思维能力和解决实际问题的能力。在线性规划部分，学生应掌握线性规划问题建模方法，会使用图解法求解线性规划问题，掌握单纯形法的原理并能熟练使用单纯形法求解线性规划问题。能理解运输问题和其数学模型，会用表上作业法求解运输问题（供销平衡与不平衡问题）。能掌握目标规划和其数学模型，会用单纯形法求解目标规划问题，能进行灵敏度分析。掌握整数规划的数学模型，掌握割平面法的基本原理及求解方法，掌握分支定界法的基本原理与求解方法，掌握求解 0-1 整数规划的典型方法。理解多阶段决策的内涵，掌握动态规划的基本概念与原理，掌握动态规划建模的基本思想与步骤，能建立比较常见的动态规划模型并求解模型。理解图与网络的基本概念与性质，会求最小生成树，掌握求最短路的基本原理与方法，理解最大流的基本概念，理解最小费用问题。

3.5 研究技术领域经济问题和规律的科学——交通经济学

3.5.1 课程介绍

交通经济学是交通设备与控制工程本科专业课之一，从市场经济的角度介绍交通经济学的内容，对交通领域的诸多新问题给以理论解释，并在方法和技术上进行解决。本课程的先导课为高等数学。

开课安排：建议本课程开设于第 5 学期，设置 32 学时，2 学分。

教学模式：以理论教学为主，以案例教学为辅。

教学重点：交通需求与交通供给、交通成本与价格。

教学难点：交通成本计算与分析、交通经济分析理论。

3.5.2 课程主要内容

本课程主要包括交通与国民经济、交通需求、交通供给、交通成本与价格等核心内容。以下是各部分内容的详细知识点介绍。

（1）交通与国民经济

主要讲述交通的地位和作用，经济发展及衡量指标，交通建设与区域经济发展对国民经济的影响等内容。

（2）交通需求

主要讲述交通需求的定性与定量分析。

（3）交通供给

主要讲述交通供给基础知识，交通基础设施供给特征，运载工具的分类及特性、寿命与成本，以及城市交通供给等内容。

（4）交通成本

主要讲述交通成本构成与特点，交通成本计算与分析，交通分析中的广义费用。

（5）交通价格

主要讲述交通价格特征、运输价格的制定。

（6）交通市场

主要讲述市场的形态、交通市场的特征及作用、交通市场的形态。

（7）交通企业经济分析理论

交通项目投资评价、交通固定资产折旧与设备更新、运输企业经济效益分析。

3.5.3　课程学习目标

通过本课程的学习了解并掌握交通需求与供给的基本知识与理论；掌握如何分析运输成本，计算运输价格；掌握交通项目投资评价方法；培养运用相关知识理论分析案例的能力。

3.6　结合专业特点的语言工具——专业外语

3.6.1　课程介绍

专业外语是交通设备与控制工程专业必修课之一。为了能够及时地通过各种信息源了解交通领域的新动态及发展现状，促进与世界的交流，作为交通类专业的本科学生必须具备一定的阅读与翻译英语文献的能力。专业外语是与专业基础课密切相关的课程，通过本课程学习，加强学生对专业知识的掌握，同时提高本科生的外语水平、阅读能力及对专业词汇的掌握。本课程先导课为大学英语和交通工程学。

开课安排：建议本课程开设于第4或5学期，设置32学时，2学分。

教学模式：以课堂理论教学为主。

教学重点：学生对专业英语知识的把握能力。

教学难点：无。

【说明】：本课程有一定专业性，建议学生在学习过程中，增加词汇量，并多加练习。

3.6.2　课程主要内容

本课程教学内容选择较多，包括交通工程的外语材料，交通工程先进技术和发展现状的外语材料，以及交通工程领域的研究论文等。建议专业外语讲授交通工程学对应的外语材料，以英语为例，具体内容包括：

(1) 交通工程介绍(Introduction to Traffic Engineering)

讲述交通工程的定义,研究范围,功能;交通工程的研究目标;交通工程的构成要素,交通工程面临有待解决的问题等。

(2) 交通系统的特性和组成(Characteristics and Components of Traffic System)

讲述交通四要素中的道路使用者、车辆、道路以及环境的特性。

(3) 交通流特性(Traffic Stream Characteristics)

讲述交通流的微观参数、宏观参数、不同参数之间的相互关系以及交通流的类型。

(4) 交通调查(Traffic Studies)

分别讲述常用的交通调查,如交通量调查、车速调查、交叉口延误调查、停车调查和事故调查等的调查方法和要求。

(5) 交通管理与控制(Traffic Management and Control)

讲述交通控制设备、交叉口控制以及交通系统管理等内容。

(6) 交通规划(Traffic Planning)

讲述交通规划和土地利用的影响关系,交通需求分析,交通规划四步骤规划方法以及常用的交通规划模型介绍。

(7) 智能运输系统(Intelligent Transportation System)

讲述智能运输系统的概念、各个子系统的构成,主要支持技术等。

3.6.3 课程学习目标

掌握专业术语、重要概念和重要理论的英语表述;能熟练地进行英文文献的检索和学习,能完成英文报告的撰写。

本章小结

本章系统阐述了交通设备与控制工程的学科基础课的课程基本情况、学时、学分、开课学期的基本要求,课程开设的目的、课程的主要内容,以及教学方式和学习方式,为下一步深入学习该专业的专业课程奠定了基础。

练习与思考题

1. 交通设备与控制工程课程的主要内容是什么?
2. 制图类课程有哪些,应该如何更好地学习制图类课程?
3. 运筹学课程的理论知识可以应用到哪些专业方向中?
4. 专业外语应该如何学习?

第4章 专业支柱之一——交通背景知识

> **本章学习目标**
>
> 本章介绍交通设备与控制工程课程体系中各门交通背景知识专业支柱课程以及各门课程包含的主要知识,通过本章的学习,应重点掌握以下内容:
> ★ 交通背景知识专业支柱课程包含的具体课程
> ★ 学习交通背景知识专业支柱课程的目的
> ★ 各门课程的主要知识点
> ★ 各门课程的学习方法

交通背景知识专业课程是学习交通设备与控制工程专业的各门专业课程的前置性基础课程,对于后续交通、计算机、控制类专业课程的学习奠定基础。

4.1 交通工程学科与发展的基础理论——交通工程学

4.1.1 课程介绍

交通工程学是交通设备与控制工程本科专业的交通类核心专业课之一。本课程在交通设备与控制工程专业课程体系中具有重要作用,是一门集自然科学和社会科学于一体,系统阐述道路交通规律的基础性学科,涉及了工程、法律、教育、环境、能源等诸多领域,是后续交通规划、设计、控制和管理等各个方向研究的理论基础,在整个课程体系中有着重要的支撑作用。本课程是很多院校考研的主要专业课。

本课程的先导课为概率论与数理统计,同时也是交通规划、交通管理与控制、交通仿真和交通设计等一系列课程的先导课。

开课安排:建议本课程开设于第4学期,设置48学时,3学分。

教学模式:教学方式建议采用课堂理论教学为主,因整个教学过程中理论性较强、公式推导较多,教学模式以板书教学为主,以多媒体教学为辅;另外,配备大量的练习或作业提高学生对知识的把握程度。

教学重点:交通特性分析、交通调查与分析、交通流理论和道路通行能力以及各个章节的理论内容。

教学难点:交通三参数、交通流理论和道路通行能力。

【说明】:本课程理论性较强,学生应在课下认真预习、课上认真听讲、课下通过大量的练习和作业题复习巩固已学知识。另外,本课程的参考书较多,知识延伸较广,可通过多参考书目提高课程的学习广度。

4.1.2 课程主要内容

本课程内容较多,主要包括交通特性分析、交通调查与分析、交通流理论和道路通行能力4个核心内容,以及交通规划、公共交通规划、交通管理与控制等概述性内容。以下是各部分内容的详细知识点介绍。

1) 绪论

本知识点是交通工程学课程的概述性章节,主要介绍交通工程学的定义、国内外交通工程学科的发展情况以及趋势。通过本知识点的学习将对整个交通工程学科的基本情况和发展脉络有清晰的了解。

我国《交通工程手册》中对交通工程学的定义为:交通工程学是研究道路交通中人、车、路、环境之间的关系,探讨道路交通规律,建立交通规划、设计、控制和管理的理论方法,以及有关设施、装备、法律和法规等,使道路交通更加安全、高效、快捷、舒适的一门技术科学。

交通工程学研究的内容涉及以下五个领域:工程(Engineering)、执法(Enforcement)、教育(Education)、环境(Environment)、能源(Energy)。因此,交通工程又称"5E"科学。

2) 交通特性分析

本知识点主要介绍道路交通三要素特性、交通量的基本特性、行车速度特性、交通流的基本特性及其相互关系4部分内容,其中交通流三参数及其关系模型是该部分的难点内容。通过本知识点的学习将对各种交通要素的特性有清晰的了解,对于后续内容、章节、课程的学习具有重要的作用。

"人、车、路"是道路交通三要素,三要素的特性重点介绍驾驶员的生理、心理特性,乘客和行人的交通特性,车辆的动力性能和制动性能等汽车基本特性,路网密度、结构、布局等道路基本特性。

(1) 道路交通三要素特性

① 人的特性

人的特性主要包括驾驶员、行人和乘客等的交通特性。驾驶员的生理、心理特性,乘客和行人的交通特性内容比较多,例如驾驶员的感觉、知觉与信息处理过程、驾驶员的视觉、听觉、反应、注意特性以及驾驶员的驾驶疲劳、饮酒、驾驶员的个体差异等对驾驶员的驾驶都会产生影响。以驾驶员反应特性为例,驾驶员反应特性是指从表露于外的事物引起反应到开始动作所需的时间,包括感觉器官感知的时间,大脑加工的时间,神经传导的时间,以及肌肉反应的时间。对一个特定刺激产生感知并对其做出反应,应包括4个性质截然不同的心理活动:感知、识别、判断与反应(图4-1)。

对于驾驶员来说,特别重要的是制动反应时间,以紧急制动为例:驾驶员从发现紧急情况到把右脚移到制动踏板上所需的时间,称为制动反应时间;从开始踏制动踏板到出现最大制动力的时间(包括制动系传递延滞时间和制动力增长的时间),称为制动器作用时间;从出现最大制动力到车辆完全停住所用的时间,称为制动持续时间。车辆的制动产生的效果直接决定了驾驶员跟车距离,这是交通流理论中跟驰理论研究的基础。

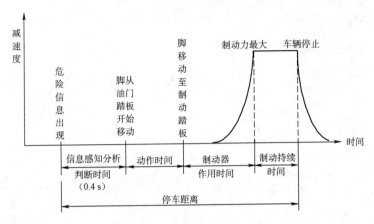

图 4-1　驾驶员反应特性

② 车的特性

车的特性包括车辆的设计外廓尺寸、动力性能和制动性能等。其中动力性能主要指车辆的最高车速、加速度（加速时间）、最大爬坡能力，制动性能主要指车辆的制动距离、制动性能稳定性、方向稳定性。

③ 路的特性

路的特性主要包括路网密度、道路结构与道路线形和路网布局3个方面。

路网密度主要包括总里程与当量里程、路网面积密度和合理路网密度等指标；道路结构与道路线形包括道路等级、道路结构、道路线形等指标；路网布局包括公路网布局和城市道路网布局的分类和特点。

路网包括公路网和城市道路网两类。公路网是在一定区域内相互联络、交织成网状分布的公路系统。公路网按照技术等级划分为高速公路、一级公路、二级公路、三级公路、四级公路和等外公路，按照行政等级分为国道、省道、县道、乡道、专用公路。其布局形式有三角形、并列形、放射形、树杈形等。城市道路网是城市范围内由不同功能、等级、区位的道路，以一定的密度和适当的形式组成的网络结构。城市道路网按照道路在路网中的地位、交通功能、服务功能划分为快速路、主干路、次干路、支路等，其布局形式有棋盘形、放射形、环形放射式等。

(2) 交通量的特性

交通量作为描述交通流特性三个最主要参数之一，是指在选定的时间段内通过道路某一地点、某一断面或某一车道的交通实体数量。交通量分为机动车交通量、非机动车交通量和行人交通量，一般指机动车交通量。

交通量在不同时间段、不同地点的数值都是变化的。交通量随时间和空间变化而变化的特性称为交通量的分布特性。研究交通量的变化规律对于进行交通规划、交通管理与控制、交通设计、交通安全有重要的意义。

交通量的基本特性一节重点介绍交通量的时间分布和空间分布特性。交通量在每年、每月、每天、每小时都是变化的，交通量的时间分布包括对平均日交通量、年平均日交通量、月平均日交通量、周平均日交通量、小时交通量以及高峰小时交通量变化等指标的统计。交通量的空间分布主要指交通量在地域、城乡、方向和车道上的分布（图4-2）。

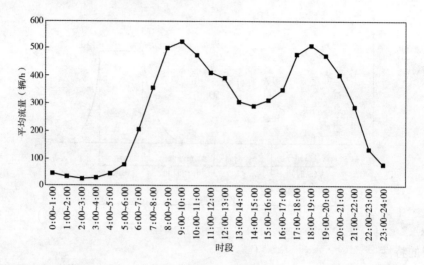

图 4-2　交通量在一天内的变化

(3) 车速特性

车速根据统计需要分为地点车速、行驶车速、区间车速、设计车速等多种,各类车速中,地点车速为瞬时速度,其他速度为平均速度。各种统计指标主要有时间平均车速和区间平均车速的计算以及车速频率分布的统计,如图 4-3 所示。

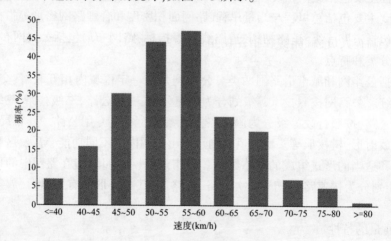

图 4-3　速度频率分布

(4) 交通流特性

描述交通流基本特性的宏观指标有交通流"速度""流量""密度"三个参数。交通量是指在选定的时间段内通过道路某一地点、某一断面或某一车道的交通实体数量,单位一般为"辆/h"。速度一般指平均车速,单位一般为"km/h"。密度指单位长度道路区段内的车辆数,单位一般为"辆/km"。在实践中,通过大量数据调查发现,当道路上车辆逐渐增多时,车流密度逐渐增大,驾驶员被迫降低车速行驶。当车流密度变小时车速会逐渐增大。速度与密度之间以及流量之间存在一定的关系。相关学者研究提出了相关关系模型。比较典型的有格林希尔治(Green Shields)关系模型(图 4-4)、格林伯格(Greenberg)模型和安德伍德(Underwood)模型。

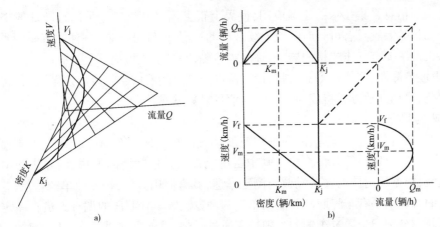

图 4-4 交通流三参数之间的模型

3）交通调查与分析

本知识点主要介绍各种交通参数的调查方法，以及样本数据的采集，数据处理及数据分析。

（1）交通量调查

交通量的调查包括道路平面交叉口高峰小时交通量、流动车调查法。通常统计交通量的方法有人工计数法和自动计数法两种。人工计数法分为人工纸上计数法、流动车计数法和摄影法。其中，人工纸上计数法是我国目前应用最广泛的一种交通量调查方法，只需要有一个或者几个调查人员，就能够在指定的道路路段或者交叉口进口进行调查，组织操作简单，人员调配灵活（表4-1）。

常用的交叉口交通量调查表　　　　　　　　表 4-1

日期：＿＿年＿＿月＿＿日　星期＿＿	时间：7:00～19:00　天气：＿＿＿＿
地点：＿＿＿＿＿＿＿＿＿＿	进口：1 东（ ）2 南（ ）3 西（ ）4 北（ ）
方向：1 左转（ ）2 调头（ ）3 直行（ ）4 右转（ ）	调查人员：＿＿＿＿＿＿
注：在对应选项画√	

调查时段	小客车	大型客车	大型货车	铰接车	小计
7:00～7:15					
～7:30					
～7:45					
～8:00					
……					
……					
～18:00					
～18:15					
～18:30					
～18:45					
～19:00					
合计					

随着交通信息采集技术的逐渐应用,世界上很多国家已经广泛采用自动计数交通调查方法。自动计数装置具有可长时间段连续观测的特点,能够分车道、车种和流向调查。常用的检测器类型主要有气压式检测器、电接触式检测器、光电式检测器、雷达检测器、电磁式检测器、超声波检测器、红外检测器、视频检测器等类型。随着信息技术的逐渐发展,智能交通的不断深化,自动计数方式将成为主流交通信息采集方式。

(2)速度调查

速度的调查包括地点车速、区间平均速度调查两种。地点车速的调查方法有气压式检测器、雷达测速、摄影法等多种方法。其中雷达测速法是最常用的方法,该方法利用向车辆发射雷达波,根据反射波的多普勒效应测定车速,具有使用方便,操作简单的特点(图4-5)。区间车速的调查主要有车牌照法和流动车法两种方法。车牌照法的调查人员在一定长度的道路路段两端分别记录通过车辆的车牌号和通过时刻,得到车辆通过该路段的时间差,利用距离与时间差的关系得到速度值。

a)

b)

图4-5 手持式雷达测速仪

(3)交通密度调查方法,主要是出入量法的调查方法,目前摄影法也逐渐被应用到交通密度调查中。

(4)车头时距调查方法主要是利用秒表记录并计算每一辆车通过停车线的时刻的差值进而得到车头时距,并对数据进行处理及分析。

(5)道路平面交叉口延误调查方法,包括样本数据的采集,数据处理及平面交叉口延误分析。

(6)公交调查,包括公交线路客流量、站点客流量调查。

(7)停车调查,包括各个时段停车数量,以及小区停车占有率等指标。

4)交通流理论

交通流理论是交通工程学的基础理论,本知识点主要介绍交通流的统计分布特性、排队论、跟驰理论、流体力学模拟理论,是交通工程学课程的核心内容,理论性较强,公式和计算内容较多。通过本知识点的学习将对各种交通相关理论有清晰的理解,对后续涉及交通流理论的课程有重要的支撑作用。

(1)交通流的统计分布特性

车辆的到达具有随机性,描述这种随机性的方法有两种:一种是离散型分布,研究在一定时间内到达的交通量的波动性；另一种是连续型分布,研究车辆间隔时间、车速等交通流参数的统计分布。概率统计方法是最早应用于交通流理论的数学方法,它为解决交通中具有随机性现象的问题提供了有效的手段。例如用离散型分布描述车流到达的分布,用可接受间隙理论描述连续型车头时距分布求无信号交叉口次路的通行能力等。

离散型分布常用于描述一定时间间隔内事件的发生数,如在一定的周期内到达的车辆数或一点长度路段上分布的车辆数,用于描述在固定长度的时段内到达某场所的交通量的波动性。常见的离散型分布主要有三种:泊松分布、二项分布和负二项分布。

泊松分布的适用条件为车流密度不大,其他外界干扰因素基本上不存在,即车流是随机的。其基本公式为:

$$p(k) = \frac{(\lambda t)^k e^{-\lambda t}}{k!} \quad (k = 0,1,2,\cdots) \tag{4-1}$$

式中:t——间隔时间或间隔距离,简称计数间隔;

$p(k)$——在计数间隔 t 内到达 k 辆车的概率;

λ——单位时间的平均到达率或单位距离的平均到达率;

e——自然对数的底,取值为 2.71828。

若令 $m = \lambda t$ 为在计数间隔 t 内平均到达的车辆数,则上述公式可写为:

$$p(k) = \frac{(m)^k e^{-m}}{k!} \tag{4-2}$$

当 m 已知时,应用式(4-2)可求出在计数间隔 t 内恰好有 k 辆车到达的概率。除此之外,还可计算出如下的概率值:

到达车辆数小于 k 辆车的概率:

$$p(<k) = \sum_{i=0}^{k-1} \frac{m^i e^{-m}}{i!} \tag{4-3}$$

到达车辆数小于等于 k 辆车的概率:

$$p(\leq k) = \sum_{i=0}^{k} \frac{m^i e^{-m}}{i!} \tag{4-4}$$

到达车辆数大于 k 辆车的概率:

$$p(>k) = 1 - p(\leq 1) = 1 - \sum_{i=0}^{k} \frac{m^i e^{-m}}{i!} \tag{4-5}$$

到达车辆数大于等于 k 辆车的概率:

$$p(\geq k) = 1 - p(<k) = 1 - \sum_{i=0}^{k-1} \frac{m^i e^{-m}}{i!} \tag{4-6}$$

递推公式:

$$p_0 = e^{-m} \quad p_1 = \frac{me^{-m}}{1!} = me^{-m} \quad p_2 = \frac{m^2 e^{-m}}{2!} = \frac{m}{2}p_1 \quad \cdots\cdots \quad p_{k+1} = \frac{m}{k+1}p_k \tag{4-7}$$

泊松分布的均值 M 和方差 D 都等于 λt。

二项分布的适用条件为车辆比较拥挤,自由行驶机会不多的车流。其基本公式为:

$$P_k = C_n^k \left(\frac{\lambda t}{n}\right)^k \left(1 - \frac{\lambda t}{n}\right)^{n-k} \quad (k=0,1,2,\cdots,n) \tag{4-8}$$

式中:P_k——在计数间隔 t 内到达 k 辆车的概率;

λ——平均到车率(辆/s);

t——每个计数间隔持续的时间(s);

n——正整数。

通常记 $p = \dfrac{\lambda t}{n}$,则二项分布可写成:

$$P_k = C_n^k p^k (1-p)^{n-k} \quad (k=0,1,2,\cdots,n) \tag{4-9}$$

递推公式:

$$P_{k+1} = \dfrac{n-k}{k+1} \cdot \dfrac{p}{1-p} \cdot P_k \tag{4-10}$$

分布的均值 M 和方差 D 分别为:

$$M = np \tag{4-11}$$

$$D = np(1-p) \tag{4-12}$$

显然有 $D < M$,这是二项分布与泊松分布的显著区别,它表征二项分布到达的均匀程度高于泊松分布。

交通工程中,另一个用于描述车辆到达随机特性的度量就是车头时距的分布。常用的连续型分布有负指数分布、移位负指数分布、M3 分布和爱尔朗分布。

负指数分布的适用条件为描述有充分超车机会的单列车流和密度不大的多列车流的车头时距分布,它常与计数的泊松分布相对应。其基本公式为:

$$P(h > t) = e^{-\lambda t} \tag{4-13}$$

式中:$P(h > t)$——到达的车头时距 h 大于 t 秒的概率;

λ——车流的平均到达率。

负指数分布的基本公式可以用泊松分布公式推导出来。假设车流对于任意的时间间隔 t,其车辆到达分布均服从泊松分布,如果在时间间隔 t 内无车辆到达,则上一辆车到达至下一辆车到达之间的时差必大于 t,用式(4-14)来表述,其累积频率曲线如图 4-6 所示。

$$P_0 = e^{-\lambda t} = P(h > t) \tag{4-14}$$

车头时距小于等于 t 的概率是:

$$P(h \leq t) = 1 - e^{-\lambda t} \tag{4-15}$$

负指数分布的概率密度函数:

$$p(t) = \dfrac{\mathrm{d}}{\mathrm{d}t}[1 - e^{-\lambda t}] = \lambda e^{-\lambda t} \tag{4-16}$$

(2) 排队论

① 排队系统

实际生活中,到处可以见到排队现象,如车辆排队通过交叉口,汽车到加油站加油,船舶停靠码头等,均可归结为顾客与服务窗口之间的一种服务关系,排队过程可用排队模型框图来表示。没有被服务而依次自成行列等候的顾客就构成了排队。一个排队系统一般有三个组成部分,即输入过程、排队规则和服务方式。

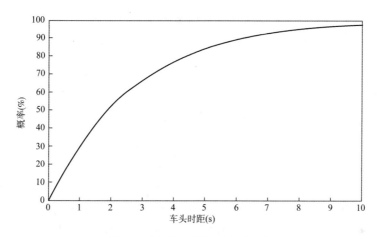

图4-6 负指数分布的累积频率曲线

a.输入过程:就是各种类型的"顾客"按怎样的规律到达。有各式各样的输入过程,例如:

定长输入:顾客等时距到达。

泊松输入:顾客到达时距符合负指数分布。这种输入过程最容易处理,因而应用最广泛。

爱尔朗输入:顾客到达时距符合爱尔朗分布。

b.排队规则:指到达的顾客按怎样的次序接受服务。

损失制:顾客到达时,若所有服务台均被占用,该顾客就随即离去。

等待制:顾客到达时,若所有服务台均被占,他们就排成队伍,等待服务,服务次序有先到先服务和优先权服务等多种规则。

混合制:顾客到达时,若队伍长小于 L,顾客就排队等待,若队伍长大于 L,顾客就随机离去。

c.服务方式:指同一时刻有多少服务台可接纳顾客,每一顾客服务了多长时间。每次服务可以接待单个顾客,也可以成批接待,例如,公交车一次就可装载大量顾客。

服务时间的分布主要有如下几种:

定长分布:每一顾客的服务时间相等。

负指数分布:即各顾客的服务时间相互独立,服从相同的负指数分布。

爱尔朗分布:即各顾客的服务时间相互独立,具有相同的爱尔朗分布。

为叙述方便,引用下列符号:令 M 代表泊松输入或负指数分布服务,D 代表定长输入或定长服务,E_k 代表爱尔朗分布的输入或服务。于是泊松输入、负指数分布服务,N 个服务台的排队系统可以写成 M/M/N,泊松输入、定长服务、单个服务台的系统可以写成 M/D/1。

②排队系统的主要数量指标

排队系统最重要的数量指标有3个:

等待时间:即从顾客到达时起到他开始接受服务时止这段时间。

忙期:即服务台连续繁忙的时期,其代表服务台的工作强度。

队长:有排队顾客数与排队系统中顾客之分,这是排队系统提供的服务水平的一种衡量。

以 M/M/1 系统为例,由于排队等待接受服务的通道只有单独一条,也叫"单通道服务"系统(图4-7)。

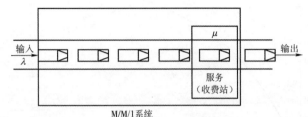

图 4-7 M/M/1 系统示意图

设车辆平均到达率为 λ,则到达的平均时距为 $1/\lambda$。排队从单通道接受服务后出来的平均服务率为 μ,则平均服务时间为 $1/\mu$。比率 $\rho = \lambda/\mu$ 叫作交通强度或利用系数,可确定各种状态的性质。所谓状态,指的是排队系统的顾客数。如果 $\rho < 1$,并且时间充分,每个状态都按一定的非零概率反复出现。当 $\rho \geq 1$,任何状态都是不稳定的,而排队的长度将会变得越来越长。因此,要保持稳定状态,即确保单通道排队能够消散的条件是 $\lambda < \mu$。

在系统中没有顾客的概率为:

$$P_0 = 1 - \rho \tag{4-17}$$

在系统中有 n 个顾客的概率为:

$$P_n = \rho^n (1 - \rho) \tag{4-18}$$

在系统中的平均顾客数为:

$$\bar{n} = \frac{1}{1 - \rho} \tag{4-19}$$

系统中顾客数的方差为:

$$\sigma^2 = \frac{\rho}{(1 - \rho)^2} \tag{4-20}$$

平均排队长度为:

$$\bar{q} = \frac{\rho^2}{1 - \rho} = \overline{\rho n} = \bar{n} - \rho \tag{4-21}$$

平均非零排队长度为:

$$\bar{q_w} = \frac{1}{1 - \rho} \tag{4-22}$$

排队系统中平均消耗时间为:

$$d = \frac{1}{\mu - \lambda} = \frac{\bar{n}}{\lambda} \tag{4-23}$$

排队中的平均等待时间为:

$$\bar{\omega} = \frac{\lambda}{\mu(\mu - \lambda)} = d - \frac{1}{\mu} \tag{4-24}$$

系统中顾客数超过 k 的概率为:

$$P(n > k) = \rho^{k+1} \tag{4-25}$$

系统中排队等候的顾客数超过 k 的概率为:

$$P(Q>k)=\rho^{k+2} \qquad (4\text{-}26)$$

(3)跟驰理论

跟驰理论是运动力学的方法,研究在无法超车的单一车道上车辆队列行驶时,后车跟随前车行驶状态的理论。跟驰理论的研究对于交通安全、交通管理、通行能力、服务水平等研究具有重要意义。跟驰理论可用于分析单车道交通特性,有助于减少车辆碰撞追尾事故;可以从机理上分析通行能力,定量给出反映驾驶员行使自由性的指标,定量描述服务水平;另外,跟驰理论也广泛应用于交通仿真参数的标定,开发交通流仿真模型或驾驶模拟行为模型。

当道路上车流密度不大时,驾驶员可以自由行驶,但是在道路上行驶的一队高密度汽车,车头间距不大,车队中任意一辆车的车速都受前车速度的制约,驾驶员只能按前车所提供的信息采用相应的车速,这种状态称为非自由行驶状态。跟驰理论只研究非自由行驶状态下车队的特性。

非自由行驶状态的车队有以下3个特性:制约性、延迟性、传递性。驾驶员的驾驶行为受到前车的行驶速度制约,随前车速度变化而摆动,另外后车需要与前车之间保持制动安全距离,当前车紧急制动时不会发生碰撞。后车随前车的运行状态的改变有一个反应延迟时间,表现出延迟性。第一辆车的运动状态制约着第二辆车,第二辆车的运动状态又制约着第三辆车,这样逐渐传递下去,表现为传递性。

跟驰模型是一种刺激—反应的表达式。一个驾驶员所接受的刺激是指其前方导引车的加速或减速以及随之而发生的这两车之间的速度差和车间距离的变化;该驾驶员对刺激的反应是指其为了紧密而安全地跟踪前车地加速或减速动作及其实际效果。

假定驾驶员保持他所驾驶车辆与前导车的距离为 $S(t)$,以便在前导车刹车时能使车停下而不至于和前导车尾相撞。设驾驶员的反应时间为 T,在反应时间内车速不变,这两辆车在 t 时刻地相对位置如图4-8所示,图中 n 为前导车,$n+1$ 为后随车。

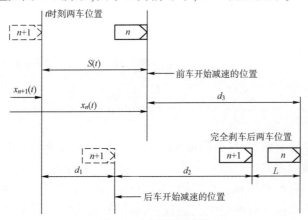

图4-8 车辆跟驰示意图

假定要使在时刻 t 两车的间距能保证在突然刹车事件中不发生碰撞,则应有:

$$S(t)=d_1+L=T\dot{x}_{n+1}(t+T)+L \qquad (4\text{-}27)$$

对 t 微分,得:

$$\ddot{x}_{n+1}(t+T)=\frac{1}{T}[\dot{x}_n(t)-\dot{x}_{n+1}(t)] \qquad (4\text{-}28)$$

式中：$\ddot{x}_{n+1}(t+T)$——后车在$(t+T)$时刻的加速度，称为后车的反应；

$1/T$——敏感度；

$\dot{x}_n(t)-\dot{x}_{n+1}(t)$——$t$时刻的刺激。

这样，上式就可理解为：

$$\text{反应} = \text{敏感度} \times \text{刺激} \tag{4-29}$$

(4) 流体力学模拟理论

1955年，英国学者特希尔(Lightill)和惠特汉(Whitham)将交通流比拟为一种流体，在研究公路隧道内，车流密度高的情况下的交通流规律的基础上，提出了流体动力学模拟理论。该理论用流体力学的基本原理，模拟流体的连续方程，建立车流的连续性方程。把车流密度的疏密变化比拟为水波的起伏，进而描述车流密度波的传播。因此该理论也被称为交通波理论。

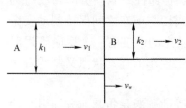

图 4-9 两种密度车流运行情况

假设一条公路上在同一方向上存在两个交通流密度不同的区域($k_1 \neq k_2$)，当这两种交通状态相遇时，就会产生一个交通波，用垂直界面S将这两种交通状态分割开，这个面称之为波阵面，并假定这个波阵面的速度为v_w(图4-9)。

由交通流量守恒定律可知，在时间t内通过界面S的车辆数N可以表示如下：

$$N = (v_1 - v_w)k_1 t = (v_2 - v_w)k_2 t \tag{4-30}$$

$$(v_1 - v_w)k_1 = (v_2 - v_w)k_2 \tag{4-31}$$

$$v_2 k_2 - v_1 k_1 = v_w(k_2 - k_1) \tag{4-32}$$

由 $q = kv$ 可知

$$q_2 = v_2 k_2 \tag{4-33}$$

$$q_1 = v_1 k_1 \tag{4-34}$$

代入上式可知：

$$q_2 - q_1 = v_w(k_2 - k_1) \tag{4-35}$$

$$v_w = \frac{q_2 - q_1}{k_2 - k_1} \tag{4-36}$$

5) 道路通行能力分析

道路通行能力也称道路容量，是指道路上某一点某一车道或某一断面在单位时间内所能通过的最大车辆数。道路通行能力是道路的一种性能，是度量道路疏导车辆能力的指标，进行能力分析的主要目的是估算在规定的运行条件下设施的交通负荷能力，求得在不同运行条件下单位时间内所能通行的最大交通量，为分析和改进现有设施并为规划和设计待建设施提供了依据。

道路通行能力是道路规划、设计及交通管理等方面的基本参数，其具体数值的变化随道路等级、线性、路况、车辆性能，组成交通管理与交通状况的不同有显著的变化。城市道路通行能力实际上主要受交叉口通行能力的制约，如交叉口管理不善致使通行能力不高，路段上通行能力再大也无法发挥作用。因此，除研究路段上通行能力外，主要应研究与提高各种类型交叉口的通行能力。

本知识点主要介绍道路通行能力和服务水平的概念和计算方法以及路网各个组成单元的通行能力计算方法。其主要内容包括道路通行能力的定义和分类，服务水平的定义和分级，道路路段通行能力、交织区与匝道的通行能力、高速公路与匝道连接处通行能力、平面交叉口的通行能力、公共交通通行能力、自行车和行人的通行能力的计算方法。重点为通行能力和服务水平的应用条件和计算方法，尤其是路段通行能力计算方法、交叉口通行能力计算方法以及服务水平计算方法是该部分的重点内容。通过本知识点的学习将对交通状态评估有清晰的理解，对后续交通规划、交通设计、交通仿真等课程有重要的支撑作用。

6) 交通规划

本知识点简单介绍交通规划的流程以及交通规划四阶段法。为后续交通规划课程的开设奠定基础。

7) 停车设施规划

本知识点主要介绍停车的分类和停车技术指标、停车场的规划和设计；重点为停车场的停放方式和停发方式。

8) 公共交通

本知识点主要介绍公共交通的分类以及公共交通规划相关知识。

9) 交通管理与控制

本知识点主要介绍交通管理相关内容以及交通控制方式和计算方法，为后续交通管理与控制课程的开设奠定基础。

交通管理相关内容包括道路交通法规、道路交通标志、标线等相关国标、交通管理的基本原则和方法、道路交通组织的方法等。

交通控制主要包括单点信号控制信号配时方法、干线信号协调控制方法、区域信号协调控制方法以及交通信号控制的智能化设备和方法等。

交通工程学具有理论性强的特点，为了更好地使学生对道路和交叉口的交通流运行状况有更直观深刻的理解，本课程在讲授理论知识的同时，一般设立两周的交通调查实习，使学生通过实践更好地理解和掌握课本知识。

4.1.3 课程学习目标

本课程的目的是使学生掌握交通的基本原理、模型及方法、交通在实际工作中的应用，解决交通规划、设计中的实际问题。

（1）通过本课程的学习对驾驶员的生、心理特性，乘客和行人的交通特性有宏观地把握，尤其是驾驶员的视觉特性对后续道路交通标志、标线和道路交通安全知识的学习奠定基础；掌握车辆的动力性能和制动性能等汽车基本特性；掌握路网密度、结构、布局等道路基本特性，重点掌握道路网的分类、等级划分以及布局；重点掌握交通流的基本特性及其相互关系，形成对各种交通相关理论更清晰的认识，更深入地理解交通特性、交通流统计分布规律、通行能力和服务水平的交通含义；对交通规划的基本流程有初步认识，初步了解交通规划四阶段法的原理，为后续交通规划课程的开设奠定基础。

（2）通过本课程的学习重点理解并熟练掌握交通流三参数之间的关系模型、交通流的统计分布特性、排队论、跟驰理论、流体力学模拟理论、通行能力和服务水平、交通信号配时的基本理论和计算方法。

（3）通过本课程的学习熟练掌握各类交通调查的方法和统计分析方法；结合绘图软件能够设计道路交通标志和标线，能够进行初步的道路交通组织，结合相关规范能够进行初步的交通规划设计、停车场的规划设计、公交线路规划；能够进行单点信号配时和干线信号协调控制；能够对交通运行状态进行评估。

4.2 交通设施选址、配设等领域的学科——交通规划

4.2.1 课程介绍

交通规划是交通设备与控制工程本科专业交通类重要专业课之一。本课程在交通设备与控制工程专业课程体系中具有重要作用，通过本课程的学习使学生能够用科学的方法预测交通系统中交通需求的发展趋势以及交通需求的发展对交通供给的要求，以达到交通需求与交通供给之间的平衡，实现交通系统的安全、畅通、节能、环保的目的。本课程的先导课为交通工程学、线性代数。

开课安排：建议本课程开设于第5学期之后，设置48学时，3学分。

教学模式：本课程教学内容以理论教学为主，教学方式建议采用课堂理论教学为主，因整个教学过程中理论性较强、公式推导较多，教学模式以板书教学为主，另外，配备大量的实例、练习或作业提高学生对知识的把握程度。

教学重点：交通规划的基础理论和方法，尤其是四阶段法和相关模型。

教学难点：交通网络拓扑建模、交通规划四阶段法及公式的推导。

【说明】：本课程理论性较强，学生应在课下认真预习、课上认真听讲、课下通过大量的练习和作业题复习巩固已学知识。

4.2.2 课程主要内容

本课程内容主要包括交通特性分析、交通调查与分析、交通流理论和道路通行能力4个核心内容，以及交通规划、公共交通规划、交通管理与控制等概述性内容。以下是各部分内容的详细知识点介绍。

（1）概况

主要介绍交通以及交通规划的基本概念、交通规划的分类、交通规划的主要内容、交通规划过程等。

交通规划是有计划地引导交通的一系列行为，即规划者如何制定交通发展目标，又如何将发展目标付诸实施的方法。交通规划的构成要素包括需求要素、供给要素和市场要素3部分。交通规划的种类因构成要素不同而异。交通规划的内容包括交通调查、交通与土地利用、交通需求量预测、交通网络规划与设计和交通网络分析评价等。

（2）交通调查

交通调查的目的是为交通规划提供全面、系统而又真实可靠的实际参考资料和基础数据。依据这些数据准确分析规划区域的交通现状，对未来做出准确可靠的预测，进而制定合

适的交通规划方案,达到指导交通建设和发展的目的。

交通调查内容包括交通运输调查、社会经济及土地利用等基础资料调查、相关政策与法规调查、建设资金调查和交通规划影响调查等。

(3) 交通与土地利用

交通与土地利用互为因果关系,交通设施的建设拉动沿线的土地利用,支撑经济的发展。相反,土地利用变化带来人们出行活动和物资流动的变化,从而诱发交通的生成,促进交通设施的建设。本部分讲授交通与土地利用之间的关系、土地性质分析及城市用地与交通生成模型。

(4) 交通网络布局规划与设计

交通网络的规划与设计可以决定城市的基本骨架,是交通规划的基础和重要工作。交通网络是流的载体,交通网络的布局设计取决于制定怎样的支撑和引导国家、区域和城市经济社会发展的战略。交通网络布局主要采用节点重要度方法和区位理论法。

(5) 交通发生与吸引预测

交通的发生与吸引是交通需求预测四阶段的第一阶段,本阶段的任务是计算出对象地区的交通需求总量,然后求出各个交通小区的发生与吸引交通量。影响发生与吸引交通量的因素包括土地利用、家庭规模和人员构成、性别、年龄、汽车保有率、职业、自由时间、家庭收入等。发生与吸引交通量的预测方法包括原单位法、增长率法、聚类分析法和函数法。

(6) 交通分布预测

交通分布预测是交通需求预测四阶段的第二步,是把交通量的发生与吸引量预测获得的各小区的发生与吸引量转换成各小区之间的 OD 量。分布交通量预测方法一般分为增长系数法和综合法。

(7) 交通方式划分

交通方式划分是交通需求量预测四阶段的第三步,将出行量划分为小汽车、自行车、行人、公交等多种出行方式。该部分讲述影响交通方式的主要因素、交通方式划分的主要方法、交通方式划分模型等。

(8) 交通分配

交通分配是交通需求预测四阶段的第四步,是本课程的重点和难点。交通量分配是将已经预测出的 OD 交通量根据实际情况按照一定的规则分配到道路网中的各条道路上,并求出各条道路的交通流量,进而反应路网各条道路的使用情况和交通拥堵情况。最优化理论、图论和计算机技术的发展为交通流分配模型和算法的研究及开发提供了坚实的基础。目前,交通流分配是交通规划诸多问题中被研究得最深入,取得成果最多的部分。

(9) 交通规划实例分析

主要结合交通调查与调研、公路网规划、城市道路网规划、公共交通系统规划的实际案例,分析交通规划的基本思路与实施步骤。

本课程在讲授理论知识的同时,一般随后设立两周的课程设计,使学生通过实践更好地理解和掌握课本知识,具备进行各类交通规划的项目实施能力。

4.2.3 课程学习目标

本课程的目的是使学生掌握交通的基本原理、模型及方法、交通在实际工作中的应用,解决交通规划、设计中的实际问题。

通过本课程的学习理解并能够分析城市交通模式与土地利用模式之间的相互关系；重点掌握交通发生与吸引预测、交通分布预测、交通方式划分预测、交通分配预测模型的构建思路，并能够正确利用数据完成交通预测；掌握居民出行调查相关名词术语的含义、基本理论，熟悉居民出行调查操作的基本步骤和方法。

通过本课程的学习掌握路网规划相关名词术语的含义、基本理论、基本流程。熟悉项目实施的操作步骤，能够完成初步的案例设计。掌握常规公交系统规划相关名词术语的含义、基本理论、基本流程。熟悉项目实施的操作步骤，能够完成初步的交通专项规划设计。

4.3 道路的规划、设计、施工、养护与管理——道路工程

4.3.1 课程介绍

道路工程是交通设备与控制工程本科专业的道路交通类专业课程之一。本课程主要阐述道路工程的设计原理、计算方法、施工方法与材料要求以及路基路面检测评价与养护等方面的知识，使学生初步具备道路设计、施工和养护管理等方面的能力，为后续与道路相关的课程的开设奠定基础。本课程是交通设计课程的先导课。

开课安排：建议本课程开设于第 2 学期，设置 32 学时，2 学分。

教学模式：以理论教学和案例教学为主。

教学重点：道路工程相关设计理念和规范。

教学难点：相关规范的把握。

4.3.2 课程主要内容

本课程主要包括道路平面设计、道路纵断面设计、道路交叉设计、路基路面设计与施工等多个核心内容。以下是各部分内容的详细知识点介绍。

（1）总论

本知识点是本课程的概述性章节，主要介绍道路运输的特点和国内外道路发展概况，道路的分类与组成，道路的分级与技术标准。

（2）道路平面设计

本知识点主要介绍道路平面线形要素，道路平面线形设计，道路选线。

（3）道路纵断面设计

本知识点主要介绍纵坡设计，竖曲线设计，平、纵面线形组合设计，爬坡车道。

（4）道路交叉设计

本知识点主要介绍平面交叉，道路立体交叉，公路与铁路、乡村道路及管线交叉。

（5）路基设计与施工

本知识点主要介绍土基的受力与强度，路基的破坏形式与原因分析，公路自然区划与土基干湿类型、一般路基设计、路基边坡稳定性设计、挡土墙设计，路基施工技术。

（6）路面设计与施工

本知识点主要介绍沥青路面设计，基于使用性能的沥青路面设计方法，水泥路面设计，路面施工技术。

(7) 道路排水设计

本知识点主要介绍路基排水设计，路面排水设计，桥面排水，综合排水系统设计。

(8) 路基路面养护与管理

本知识点主要介绍路基技术状况评价与养护，路面技术状况调查内容与方法，路面技术状况评价与一般养护措施，路面管理系统(PMS)简介。

4.3.3 课程学习目标

本课程的目的是使学生掌握道路工程的基本知识以及计算方法，能够进行道路设计。

(1) 通过本课程的学习熟悉道路分类与分级标准及相关影响因素，熟悉道路线形设计的控制依据、设计基础、设计原则、设计步骤及主要技术经济指标，了解线形设计的国家、行业规范。

(2) 通过本课程的学习了解直线的使用条件，掌握直线设计相关参数的规定及原理；掌握平曲线的主要线形形式，熟悉平面设计指标选择方法和标准，了解平曲线指标选择依据；掌握常用的平面线形形式及参数设计要求，了解主要线形形式的基本特点。

(3) 通过本课程的学习掌握纵坡设计的各种限制条件，了解各种坡度常用取值范围；掌握竖曲线线形要素计算方法，了解竖曲线半径大小和长度的规定依据；了解爬坡与避险车道的主要功能与构成，掌握爬坡车道和避险车道常用设计参数取值；掌握高程控制的主要条件，了解纵断面设计中常见问题及处理方法；了解平纵组合设计的基本原则，掌握平纵线形应该避免的组合形式。

(4) 通过本课程的学习掌握横断面主要构成要素及其参数取值，了解横断面设计参数取值的基本依据；了解加宽与超高的基本形式，掌握加宽与超高的过渡方法，掌握横断面上超高值计算方法；了解视距的基本分类，掌握包络线视距检查方法原理及计算过程。

(5) 通过本课程的学习了解平原区选线的基本原则，掌握平原区选线需要注意的问题；了解山岭区选线的基本原则，掌握山岭区选线需要注意的问题；掌握立交出入口端部形式及设计原理。

4.4 交通效益与安全的科学优化管理——交通管理与控制

4.4.1 课程介绍

交通管理与控制是交通设备与控制工程本科专业的交通类核心专业课之一。本课程是交通设备与控制工程专业的一门专业必修课，在专业课程体系中具有重要作用。其内容涉及交通立法、法律性或行政性的管理措施、工程技术性的管理措施以及信号控制技术等各个方面，也就是实际工作中所谓"交通综合治理"中的各种治理措施，着重探讨如何科学地对现有道路交通设施采取交通管理与控制措施来提高其交通效益与交通安全。

本课程开设的目的是让学生对交通管控系统与外界，以及与其他交通子系统之间的关系等有一个基本的认知,重点培养学生分析交通现象的基本思维方式,综合应用不同交通组织手段制定交通管理控制方案的能力以及信号配时的基本能力。本课程的先导课为交通工程学、道路工程。

开课安排:建议本课程开设于第5学期,设置40学时,2.5学分。

教学模式:以理论教学和实践教学相结合的方式为主,整个教学过程中理论性较强、实践性也较强。为加深学生对课程的理解以及强化学生动手能力,通过资料查询和辩论的形式合理安排学生就热点问题做自由讨论。

教学重点:交通管理与控制的基础理论和知识,使学生具备基本的交通道路、交通组织和交通信号配时等方面的能力,培养学生交通控制的能力。

教学难点:交通控制计算方法。

4.4.2 课程主要内容

本课程内容分为理论讲授和实践操作两个部分,其中理论讲授环节主要包括3个部分:交通管理基本理论、交通标志标线设计、交通控制理论。实践操作环节主要在理解交通控制理论的基础上,对给定的交叉口进行单点信号配时。

1) 交通管理基本理论

交通管理的目的是应用现代科学技术来保证道路交通的安全通畅,以促进社会经济发展和社会文明进步,因此交通管理的理念和方法随时代的变迁、技术的进步而不断发展。交通管理涉及整个社会,与百姓生活息息相关,是一项复杂的社会系统工程,是政府行政工作的重要内容和行政干预的重要领域之一,需要编制具有前瞻性、整体性、科学性的交通管理统筹规划,并且建立强有力的交通管理体制与机制来保障执行。

根据交通管理的性质与内涵的不同,交通管理可分为交通行政管理(Administration)、交通执法管理(Enforcement)以及交通运行管理(Operation)三类。

(1) 交通行政管理是指政府和交通行政机构在有关法律规定的范围内对交通事务所进行的决策、计划、组织、领导、监督和控制等的处理、协调活动。交通涉及整个社会,从社会的每个人到社会的各部门,并且交通是实现个人和部门生产或生活目标的基本手段,交通的这种社会性和基础性使得交通成为政府行政工作的重要内容和行政干预的主要领域之一。政府行政干预的形式、力度和手段相当程度上决定了交通发展的规模、水平,决定了各类人群尤其是低收入者、社会各部门所享受交通服务的质量。

(2) 交通执法管理也叫交通秩序管理,指按照交通法规对道路上的车流、人流与交通有关的活动进行引导、限制和组织协调。包括建立交通指挥信号控制,设置交通标志、标线等管理设施,合理规划、使用现有道路,调整、疏导交通流量,纠正、取缔交通违章,调查处理交通事故等,使车辆、行人各行其道,有秩序地通行。

(3) 交通运行管理是指运用交通技术措施对交通系统实施有组织的协调和处理活动。交通运行管理的目标是最大可能地发挥交通系统的功能,以保持并改善交通基本功能。

城市交通管理的核心目标应当是确保城市道路交通的有序、安全、通畅。充分发挥交通管理效能,近期以综合治理交通秩序,合理组织与渠化交通、缓解城市交通拥挤堵塞为重点。远期则以实现与城市社会经济发展水平相一致,建立一个安全、畅通、秩序良好、环境污染小的城市交通系统为目标。

2）交通标志标线设计

交通秩序管理的主要设施包括道路交通标志、道路交通标线以及其他交通秩序管理设施。

(1) 道路交通标志

道路交通标志是用图形符号、颜色和文字向交通参与者传递特定交通管理信息的一种交通管理设施。一般设置在路侧或道路上方（跨路式）。道路交通标志给道路使用者以确切的道路交通情报，使道路交通达到安全、畅通、低公害和节约能源的目的。

按《标志和标线》规定，道路交通标志按照其作用分为主标志和辅助标志两大类。

主标志分为警告标志、禁令标志、指示标志、指路标志、旅游区标志、作业区标志和告示标志七类。警告标志是警告车辆、行人注意危险地点的标志。禁令标志是禁止或限制车辆、行人交通行为的标志。指示标志是指示车辆、行人行进的标志。指路标志是传递道路方向、地点、距离信息的标志。旅游区标志是提供旅游景点方向、距离的标志。作业区标志是告知作业区通行的标志。告示标志是告知路外设施、安全行驶信息以及其他信息的标志。辅助标志是附设在主标志下，起辅助说明作用的标志（图4-10）。

图4-10　道路交通标志示例

(2) 道路交通标线

道路交通标线是由标划于路面上的各种线条、箭头、文字、立面标记、突起路标和轮廓标等所构成的交通安全设施。它的作用是管制和引导交通。可以与标志配合使用，也可单独使用（图4-11）。

3）交通需求管理

随着道路交通的发展，道路交通拥堵经常发生，常常出现交通流在总体上的比例失调以及交通混乱等问题。在道路交通标志和标线设计过程中，往往结合道路交通流进行道路交通组织优化。交通组织优化是指在有限的道路空间上，综合运用交通工程规划、交通限制和管理等措施，科学合理地分时、分路、分车种、分流向使用道路，使道路交通始终处于有序、高效运行状态。产生交通问题的本质是在交通系统中出现交通供应和需求的矛盾，因此交通组织优化核心思路即分解矛盾、消除矛盾,实现道路通行时空资源的优化配置,实现交通流的科学管制与诱导,在宏观上解决好压力均分,在微观上解决好冲突分离问题。

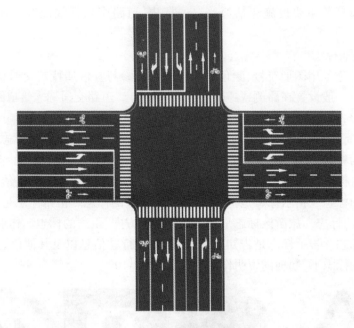

图4-11 道路标志标线示意图

人们在交通管理的实践中逐渐认识到通过单纯地增加交通供给无法满足小汽车出行需求的无限增长,反而会刺激小汽车出行的增长,更进一步加剧交通拥堵。目前通过交通需求管理的理念缓解交通拥堵成为国内外学术界的共识。交通需求管理,最初主要是从减轻或消除道路交通的拥挤这个角度,通过交通政策等的导向作用,引导交通参与者的交通选择行为的变更,或增加每辆车的乘坐人数,以减少道路上机动车的总出行量,从而达到减轻或消除道路交通拥挤的目的。交通需求管理的基本理念是引导人们采取科学的交通行为,理智地使用(不滥用)道路交通设施的有限资源。

交通需求管理的主要措施包括为出行者在出行前提供道路交通与路线导行信息选择更好的出行时间、出行方式或出行路线;利用通信系统在家工作来减少上下班的交通出行量的替代出行方式;通过停车场建设规模、停车收费定价与停车的方便程度实现出行方式的转移;通过政府各种措施限制人们拥有车辆、税费调节措施引导人们拥有车辆但要理性使用车辆的理念;实行以经济补贴激励措施引导上下班族放弃单独驾车出行,而选择公共交通或合乘车的方式出行,减少高峰期间汽车出行量;提供完善便利的人行系统和自行车道系统提高绿色出行量;完善小汽车和自行车停车与公共交通之间的换乘系统,提高公共交通出行量;通过 HOV 车道(High-Occupancy Vehicle Lane)合乘优惠、停车合乘补贴等措施鼓励多人合乘出行;采取错峰上班、弹性上班等措施降低高峰期交通拥堵。

4)交通控制理论

主要讲述交通控制基本参数、信号相位优化设计、单点信号配时设计、线性协调控制理论基础和感应控制基本方法。交通信号控制是道路交叉口交通管理的最有效的方法之一,交通信号实施效果的好坏直接影响了城市交通顺畅程度。交通信号灯及其控制技术随交通的发展而发展。初期的信号灯仅红、绿两色,绿灯表示允许通行,红灯表示不准通行,十分简单。到1918年,美国纽约街头出现了红、黄、绿三色信号灯,后来这种信号灯被普遍采用。现代信号灯,除原来红、黄、绿三色基本信号灯之外,又增加了以下两种信号灯:

①箭头信号灯

箭头信号灯是在灯头上加一个指示方向的箭头,可有左、直、右三个方向。它是专为分离各种不同方向交通流,并对其提供专用通行时间的信号灯。这种信号,当然只在设有专用转弯车道的交叉口上使用才能有效。在一组灯具上,具备左、直、右三个箭头信号灯时,就可取代普通的绿色信号灯。

②闪烁灯

普通红、黄、绿或绿色箭头灯,在启亮时,按一定的频率闪烁,补充其他灯色所不能表达的交通指挥意义。

各种信号灯的装置次序也该有统一的规定,便于驾驶人分辨。次序安排的原则是重要的灯色放在重要的位置。信号灯的次序安排分竖式和横式两种。

一般,路口交通量很小时,可以不设信号灯,采用无信号控制的方式。当交通量发展到接近停车或让路标志交叉口所能处理的能力时,需要在交叉口上加设交通信号控制。

城市道路交通信号控制系统的类型按照控制区域可以分为单点信号控制系统、干道交通信号控制系统和区域交通信号控制系统。按照控制方法分为定时控制、感应控制和自适应控制。目前单个交叉口的定时信号控制仍然是信号控制的主流。

固定周期信号控制是最基本的交叉口信号控制方式,这种控制方式设备简单,投资最省、维护方便。按事先设计好的控制程序,在每个方向上通过红、绿、黄三色灯循环显示,指挥交通流,在时间上实施隔离。

(1) 信号配时基本参数

进行单点交叉口信号配时需要用到许多交通信号控制参数,参数的基本概念如下:

①信号相位:一股或多股交通流在一周期时间内不管任何瞬间都获得完全相同的信号灯色显示。信号相位是按路口车流获得信号显示的时序来划分的,有多少种不同显示时序排列就有多少个信号相位。

②信号阶段:根据路口通行权在一个周期时间内的变更次数来划分的,一个信号周期内通行权有几次更迭就有几个信号阶段。

以两相位为例,图中第一相位,对不同方向显示的灯色组合是:东西向道路放绿灯,南北向道路放红灯。控制状态是给东西向车辆以通行权,南北向车辆不准通行。第二相位改东西向道路放红灯,南北向道路放绿灯,即给南北向车辆以通行权(图4-12)。

如果在信号交叉口的配时设计中,由于左转流量对交叉口运行的影响非常大,两相位配时方案不能满足需求,在许多情况下相位数、相位类型、相位次序等常要依据左转流量的要求来确定。根据相位的设置是否允许左转车流与其他车流发生冲突,可以将相位分成允许冲突相位和保护左转相位两类。

③周期时长是对应于某一进口道的信号灯各种灯色轮流显示一次所需的时间,即各种灯色显示时间之总和;或是某主要相位的绿灯启亮开始到下次该绿灯再次启亮之间的一段

时间,用 C 表示,单位为秒。周期时长是决定点控制定时信号交通效益的关键控制参数,所以是信号配时设计的主要对象。

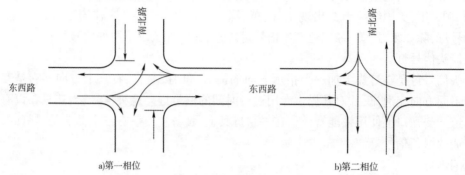

图 4-12 两相位信号相位图

④绿信比是一个信号相位的有效绿灯时长与周期时长之比,一般用 λ 表示。

由于信号在相位变换时不可避免地会造成时间的损失(如绿灯刚亮时驾驶人的反应延迟,绿灯将要结束时驾驶人放缓车速停车等候),也即在这个时间内任何车辆都不能通行,因此称这个时间为损失时间。由于在实际显示的绿灯时间内必然有一段损失时间,将实际用于车辆通行的时间称为有效绿灯时间。

(2)信号配时计算方法

到目前为止,定时信号的配时方法在国际上主要有英国的 TRRL 法(也称 Webster 法)、澳大利亚的 ARRB 法以及美国的 HCM 法等。在我国有停车线法和冲突点法等方法。随着研究的不断深入,定时信号的配时方法也在进一步的改进之中。主要信号配时参数的计算如下:

①最佳周期时间(C_0)

对于一个独立、交通流稳定,各进口流量相等,车辆到达的时间为随机的交叉口,使车辆延误最小的最佳周期时间(图 4-13)可由下式计算:

$$C_0 = \frac{1.5L + 5}{1 - Y} \tag{4-37}$$

式中:L——一个周期内总的损失时间(s);

Y——为路口各相位 y 值的总和:$Y = \sum y$,y 为流量与饱和流量之比。

②最小周期时间(C_m)

能使到达路口的车流量刚好全部通过路口的周期时间,一般可由下式确定:

$$C_m = \frac{L}{1 - Y} \tag{4-38}$$

由于采用最小周期时间,常引起较大的车辆延误,故实际中很少采用。

③绿信比

绿信比的计算公式如下:

$$\lambda = \frac{G}{C} \tag{4-39}$$

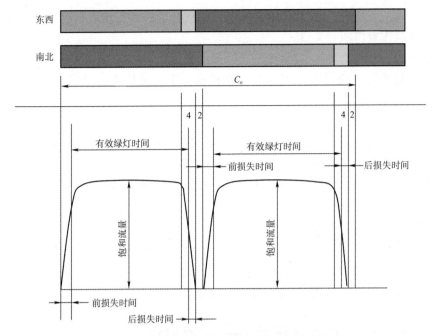

图 4-13 交叉口周期信号显示以及损失时间示意图

④绿灯间隔时间

前一个信号相结束放行,到后一个信号相开始放行之间的间隔时间,即失去通行权的相位绿灯结束到得到通行权的相位的绿灯开始之间的间隔时间,称为绿灯间隔时间。

⑤黄灯时间

为了将已经进入交叉口并正在前进的车辆从交叉口内予以清除所设置的时间,亦可看成一种安全措施。该时间由车速和交叉口的宽度决定,而与交通量的大小无关,一般定为 3~5s。

⑥行人过街时间

行人过街所需要的最短的绿灯信号时间,一般可由下式确定:

$$G = R + W + 2(N - 1) \tag{4-40}$$

式中:G——行人过街绿灯信号时间(s);

R——行人反应时间,一般采用 2~3s;

N——行人过街的排数;

W——人行横道的长度(m)。

(3)干线协调控制相关参数

在干线交通信号协调控制系统中,周期时长与绿信比两个基本参数与单点信号控制中的稍有不同,另外,在控制系统中还有一个重要的参数,叫相位差。

①周期时长

在信号协调控制系统中,为使各交叉口的交通信号相互协调,各个交叉口的信号周期时长必须是统一的。为此,首先按单点定时信号的配时方法计算各个交叉口交通信号周期时长,然后从中选出最大的周期时长作为这个系统的周期时长,把需要周期时长最大的这个交叉口叫作关键交叉口。在近代的控制系统中,对有些交通量较小的交叉口,实际需要周期时长接近于系统周期时长的一半,可把这些交叉口的信号周期时长定成系统周期时长的半数,这样的交叉口叫作双周期交叉口。

②绿信比

在信号控制系统中,各个信号的绿信比是根据各个交叉口各向交通量的流量比来确定的。因此,控制系统中,各个交叉口信号的绿信比不一定相同。

③相位差

相位差有绝对相位差和相对相位差之分。绝对相位差是指各个信号的绿灯或红灯的起点或中点相对于某一个标准信号绿灯或红灯的起点或中点的时间之差。相对相位差是指相邻两信号的绿灯或红灯的起点或中点之间的时间之差。相对相位差等于两个信号绝对相位差之差。

4.4.3 课程学习目标

本课程的目的是使学生掌握交通管理与控制的基本知识,能够制定常态交通组织方案,能够设计道路交通标志标线,能够进行信号配时方案设计。

4.5 道路交通的基础设计——交通设计

4.5.1 课程介绍

交通设计是交通设备与控制工程本科专业的交通类专业课之一,是对道路工程课程的实践性延伸。本课程的开设是为了使学生在掌握道路工程的基础理论和知识的基础上利用交通分析的方法进一步掌握交叉口设计、公交系统设计、停车设计等专项设计。本课程的先导课为交通工程学、交通管理与控制、道路工程。

开课安排:建议本课程开设于第 5 学期,设置 32 学时,2 学分。

教学模式:本课程教学内容以实践教学为主,通过大量的课堂训练环节提高学生的交通设计能力。

教学重点:交通设计基础和实际操作。

教学难点:无。

【说明】:本课程实践性较强,学生应在课上和课下查阅大量标准和规范,提高交通设计的规范程度。

4.5.2 课程主要内容

本课程内容主要包括交通设计基础、交通分析、各类专项交通设计等核心内容,以下是本课程的详细知识点介绍。

(1)交通设计基础

本知识点主要包括交通通行能力分析、交通服务水平分析、交通冲突分析、交通行为分析、相关技术标准规范。

(2) 平面交叉口交通设计

本知识点主要包括平面交叉口分类与选型与基本原理、信号控制交叉口交通设计、无信号控制交叉口交通设计、环形交叉口交通设计、特殊形式交叉口设计、平面交叉口交通标志设计。

(3) 立体交叉口交通设计

本知识点主要包括立体交叉口形式及适用条件、立体交叉口设计、立体交叉口交通标志和标线设计。

(4) 路段交通设计

本知识点主要包括干道交通设计、快速路交通设计。

(5) 公共交通设计

本知识点主要包括公交专用车道设计、公交停靠站设计、公交优先信号控制设计。

(6) 停车场(库)交通设计

本知识点主要包括停车场(库)交通设计基础、机动车停车场(库)交通设计、路内机动车停车带交通设计。

(7) 慢行交通设计

本知识点主要包括慢行交通基础特性分析、行人过街及通道设计、人行道设计、非机动车道设计等。

(8) 交通安全设计

本知识点主要包括交通安全设计基础、平面交叉口交通安全设计、道路沿线交通安全设计、交通宁静化设计。

4.5.3 课程学习目标

本课程的目的是使学生具备分析交通问题的基本能力;能够进行横断面、交叉口、公交专用道、立交、停车场、慢行交通设施、交通安全设施等方面的设计;具备综合交通设计的基本能力。

4.6 交通设施的综合设计——交通工程设施设计

4.6.1 课程介绍

交通工程设施设计是交通设备与控制工程本科专业的交通类专业课之一,本课程的开设是为了使学生掌握交通设施的基础理论和标准,具有在不同道路条件下合理设计、设置各种交通安全设施,进行设计方案分析的基本能力。本课程的先导课为交通工程学、道路工程。

开课安排:建议本课程开设于第 5 学期,设置 32 学时,2 学分。

教学模式:以案例教学为主,通过案例教学使学生具备初步的交通安全、交通管理等交通工程设施设计能力。

教学重点:交通安全设施和管理设施设计。

教学难点:相关规范标准。

【说明】:本课程实践性较强,学生应查阅大量标准、规范和案例资料,提高交通工程设施设计的规范程度。

4.6.2 课程主要内容

本课程内容主要包括交通工程设施设计基础、交通安全设施、交通管理设施等核心内容,以下是本课程的详细知识点介绍。

(1)交通安全设施

本知识点主要包括护栏设计、防眩设施设计、隔离封闭设施设计、视线诱导设施设计。

(2)交通管理设施

本知识点主要包括交通标志设计、交通标线设计。

(3)收费和服务设施

本知识点主要包括收费系统设计、服务设施设计。

4.6.3 课程学习目标

本课程的目的是使学生了解各类交通安全设施的发展历史,掌握交通安全设施的分类和每类设施的主要功能;掌握护栏、防眩设施、隔离设施和视线诱导设施的各种设计参数的确定方法以及各种常用材料;掌握各种道路交通标志和标线的主要形式、功能、适用条件以及设计方法;掌握收费站和服务区的主要形式分类和设计内容。

4.7 智能交通系统的核心技术——交通信息技术

4.7.1 课程介绍

交通信息技术课程是交通设备与控制工程本科专业的一门专业必修课。交通信息技术是智能交通系统的核心技术与重要支撑。本课程在学习完成通信技术和传感器技术的基础上,系统地阐述了"五大技术"(即交通信息采集技术、交通信息传输技术、交通信息处理技术、交通信号控制技术和交通信息发布技术)和"一个平台"(即交通信息平台)的基本概念、基本原理、基本方法以及在交通领域中的应用等主要内容。

交通信息技术主要先导课有交通工程学、交通传感技术和交通通信网等,它的后续交通信息技术课程设计则是其理论教学的延续,是进一步巩固和深化理论教学内容的一个综合实训环节。同时,它还是后续重要专业课智能交通系统集成的先导课和重要技术基础课程。通过开设该课程,学生可以系统地学习和掌握交通信息技术的基本知识、基本原理、技术理论以及交通信息系统设计的一般方法,深入了解交通信息系统开发过程的各环节,培养学生的交通信息技术综合应用能力与创新能力,为后续课程或将来从事智能交通及相关领域的设计、研发和技术管理奠定基础。

开课安排:建议本课程开设于第5或第6学期,设置48学时,3学分。

教学模式:以课堂理论教学为主,以实验实习教学为辅,以案例教学为补充,密切结合课程设计环节综合实施教学,有效提升教学效果。

教学重点:激发学生系统学习并熟练掌握交通信息的"五大技术"和"一个平台",通过实验实习增强学生对交通信息技术工程应用实践的认识,紧密结合课程设计环节巩固学生所学的交通信息技术,重点培养学生综合运用交通信息技术开展系统设计和工程技术应用的能力。

教学难点:本课程实用性强,且学生普遍缺乏对工程实践的认知,要引领学生做到理论联系实际,密切结合智能交通工程实践开展交通信息技术应用设计难度大。

【说明】:本课程涵盖内容广泛,且技术更新较快,建议学生在学习过程中,广泛搜集、阅读有光交通信息方面的新技术、新方法、新应用的书籍与文献资料,要善于思考,不断丰富自己的知识,了解当今信息技术应用前沿。

4.7.2 课程主要内容

(1)交通信息技术基础

本部分主要介绍交通信息技术的基础知识,包括交通信息技术的定义与内涵,交通信息技术的涉及的技术领域,交通信息技术的主要组成,智能交通系统与交通信息技术的关系以及交通信息的分类、特点等内容。

交通信息技术实质上就是先进的信息技术在交通领域中的融合应用。智能交通系统本身涉及信息采集、传输、处理、加工、利用和发布以及采取控制措施等各项技术手段,这些技术手段都是以信息为纽带联系在一起,通过对信息的处理加工和优化算法,采取优化控制方案和管理措施,并通过传输技术将控制命令传递到各种控制终端,实现对交通流的控制。因此,交通信息技术是智能交通系统的核心技术。

交通信息技术主要由交通信息采集、传输、处理、信号控制和信息发布五大技术和交通信息平台等组成。

交通信息的种类很多,按照其信息来源不同可分为人、车、路和环境等信息。其中,道路信息、车辆信息和交通参与者信息被称为直接交通信息源,而各种自然环境因素(如地形地貌、气象条件、地面结冰、能见度等)和社会因素(如交通政策和经济发展水平、社会秩序、军事价值、人文历史等)则称之为相关的或间接的交通信息源。按照信息随时间变化情况,交通信息又可分为静态交通信息和动态交通信息。静态信息包括交通空间信息和交通属性信息,动态信息则是反映网络交通流状态特征数据以及交通需求空间分布特征数据。

交通信息技术具有集成性、系统性、先进性和综合性等显著特点。

(2)交通信息采集技术

交通信息采集是ITS中的重要环节之一,交通信息采集技术无论对交通规划、路网建设、交通管理,还是对智能交通系统的功能实现都非常重要,是交通发展规划和道路交通科学管理的重要基础和前提,它为交通管理、交通控制与预测、交通诱导、交通指挥乃至交通信息服务等提供信息源基础。

交通信息采集主要采集各种交通流信息,包括基本的断面交通参数、如交通量、车辆速度、车流密度和车道占有率、车头时距等,这些交通参数的采集可通过磁频、波频和视频等固定式检测技术获取,也可以通过视频检测技术采集。其中,磁频检测器包括环形线圈检测器、地磁感应检测器等形式,波频检测器包括激光雷达检测器、微波检测器、超声波检测器、声波检测器和红外线检测器等形式,而视频检测器则是一种基于视频图像处理和电脑化模式识别技术的交通信息检测方式。然而,随着全球卫星定位系统和无线移动通信技术的发展,诸如路段平均行程时间和行程速度等网络交通信息的采集越来越普遍,并通过视频卡口的车牌识别、GPS浮动车、手机、电子标签等方式可以方便地获得车辆在路网中的轨迹,进一步结合路网的基础数据和后续分析处理,可直接获得路网的交通流特征参数。这些交通参数能够为路口及区域交通信号控制、交通信息发布与诱导提供相应的基础数据。

本部分重点介绍各种交通检测器的工作原理、主要特征和应用范围,包括基于磁频、波频和视频的各种固定式交通信息检测技术与方法以及基于浮动车、手机、电子标签和车牌识别等方式的移动式交通信息检测技术与方法,给出各种检测技术的性能对比分析,使学生初步掌握各种传感器的基本原理与组成,了解它们的性能特点与主要应用。

几种典型的交通检测器的应用如图4-14~图4-16所示。

图4-14　环形线圈检测器的应用

图4-15　窄波雷达测速仪的应用

图4-16　视频交通检测技术的应用

(3)交通信息传输技术

交通信息传输技术可以理解为各种通信技术在交通领域中的应用。通常,一个智能交通系统由若干部分组成,其中包括现场设备部分(如交通检测器、交通信号控制机、匝道控制机、车道控制器、可变信息板、CCTV闭路电视和公路路况广播等)和中心设备部分(如计算机、工作站、大屏幕显示器和监控器等)。为了使得系统能够正常运行,各组成部分之间的信息交换非常重要,而信息传输网络为这些信息的传输交换提供了传输通路。

例如,为了有效地疏导城市局域交通拥堵的状况,需要首先检测该区域路网中的交通流信息和路况信息,并及时上传给信息处理中心进行综合分析判断;随后,再将要实施的信号协调控制方案或限速、分流等交通诱导方案实时下传到该区域的信号控制机上或显示终端、车载设备上,通过信号控制方式或驾驶员自主路径诱导方式达到该区域交通拥堵缓解或预防的目的。

交通信息传输系统所具有功能有:
①向现场设备发出指令;
②在现场设备收到指令并对其进行应答后,接收现场设备发出的确认信息;
③从各种交通检测器获取交通数据;
④监视现场设备的工作状态。

交通信息传输是 ITS 系统中一个相对独立且非常重要的组成部分。由于交通信息采集点地理上的分布性、采集手段的多样性、交通信息需求的分散性及交通信息服务对象的随机性,交通信息往往是海量的、多源的、异构的和分布式的存在于各个系统中,故在信息传输时需根据信息的特征选取不同的传输技术。换句话说,交通信息传输技术选择是否得当,将直接影响到信息传输的实时性、有效性和可靠性,最终会影响到 ITS 系统的整体性能。

然而,选择什么样的传输通路和传输技术取决于交通信息的数量和特征、交通信息的环境等因素。通常,对于交通检测器所采集的相关交通信息,它们在传输中的要求是信道数量要多,但对传输速率的要求不算高。对于在高速公路和高铁上行驶的车辆,则需要提供传输速率较高的信息传输系统,以满足实时性的要求。对于那些分布广泛而分散的、甚至需要移动方式采集的交通信息,它们在传输过程中则需要一个集中的、功能强大而使用灵活的交通信息传输系统。

根据信息传输的方法不同,通常大致将信息传输技术分为现场设备通信与信息接入技术、数字信息传输技术、无线信息传输技术和光线网络传输技术等几大类。

本部分主要分析交通信息的传输需求,介绍交通信息传输媒介,包括屏蔽双绞线、同轴电缆、光纤、区域无线广播网络、地面微波链路、蜂窝无线网络和卫星通信系统等;阐述现场设备通信的技术标准和技术要求、有线接入和无线接入两大类交通信息接入方式;重点讲授数字信息传输技术及传输网络、无线信息传输技术及传输网络、光纤信息传输技术及传输网络的关键技术及在交通领域中的应用等,主要目的是加深学生对交通信息传输技术的认知,掌握各种通信方式的关键技术及在本专业中的应用。

(4)交通信息处理技术

交通信息的一个显著特征是它的随机性和空间性,因此对它的研究和分析只能建立在广泛统计的基础上,应用各类统计分析方法来探索它的规律性。另外,交通信息多种多样,针对采集到的信息不同和每一个应用场合的不同,交通信息的处理方法则不一样。目前,主要采用的技术包括:交通数据预处理技术、交通状态的判别与交通事件检测技术、交通预测及建模技术、模式识别技术、信息融合技术等,这些技术的综合应用在交通运输系统中起着重要的作用。

①交通数据预处理技术

对交通数据进行预处理是保证交通信息采集精确度和可信度的基础。基础数据的不完整或存在异常,将给后续的数据处理造成困难或导致错误的结果。数据预处理包括数据稳健性处理和残缺数据预处理,前者指异常数据处理,后者主要指数据修补,即利用相关性较强的数据对缺失数据进行修补。

常用的异常数据预处理方法有:阈值法、交通流机理法、置信距离检测法、格拉布斯统计法和有序样本系统聚类法等。

常用的缺失数据预处理方法有:基于时间序列的数据恢复、基于隶属数据的数据恢复、基于空间位置的数据恢复和基于时空相关性的数据恢复等。

②交通状态的判别与交通事件检测技术

交通状态的判别一直是国内外研究的热点,其基本思路是针对检测点的交通数据,分析流量、占有率与速度等参数之间的关系,区分不同交通状态所对应的交通流参数特征,以此判别是否发生了交通拥挤以及交通拥挤的程度与状态。

交通事件是指突发的致使道路通行能力下降的事件,如交通事故、故障停车、货物散落、交通拥堵等。交通事件自动检测方法分为直接检测法和间接检测法。前者主要是指基于视频图像识别的状态判别方法,后者则是指通过交通检测器得到的交通流参数的非正常变化来间接地判断是否有事件发生,并估计事件对交通流的影响程度。

自动检测的算法可以分为五种:状态识别、突变理论、数学统计、人工智能和图像识别。其中状态识别算法应用最为广泛和成熟,并且比较适合快速路系统数据采集现状;突变理论、数学统计适用于交通流参数稳定情况;图像识别形象直观,但易受天气情况影响;人工智能方法则处于研究和探索应用中。

目前,基于常规固定型交通检测器所采集的数据进行交通状态判别的经典算法主要有加州算法、McMaster 算法、标准偏差算法(SND)等。加州算法主要是通过比较邻近检测站的环形检测线圈占有率的变化程度,对可能的突变交通事件进行判别。经典的 McMaster 算法主要基于突变理论,以基本的流量和占有率两个交通参数,将获得的交通流量和占有率数据表示在二维空间上,并将流量—占有率二维图形划分为 4 个区域,每个区域代表一种交通状态,如图 4-17 所示。标准差算法则运用统计技术和交通参数数据来判别交通状态,代表性的算法是标准偏差算法(SND)和贝叶斯算法。

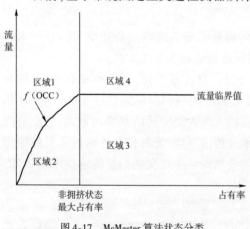

图 4-17 McMaster 算法状态分类

③行程时间预测技术

行程时间预测是智能交通系统应用的一个重要环节。行程时间预测要满足实时性和准确性两个方面的要求。

目前,路段动态行程时间预测方法分为三种:一是,以动态交通分配理论为基础,预测路段动态交通量,然后借助阻抗函数估计路段行程时间。二是,直面路段交通量,避免了动态 OD 估计和动态分配矩阵带来的双重误差,主要方法有时间序列模型、卡尔曼滤波模型及神经网络模型等,它们主要是根据路段的流量信息分析、回归标定参数,然后进行预测等。三是,避开路段交通量、路阻函数,直接预测路段动态行程时间,主要有基于浮动车和固定检测器的方法、基于历史数据的方法、基于时间序列的方法、基于卡尔曼滤波的方法以及基于神经网络的方法五种。这些方法大多应用于高速公路和快速路,由于没有考虑到路段之间的关联,对于随机性与复杂性突出的城市道路路网,其预测结果精度难以保证。

④模式识别技术

模式识别是研究如何对模式进行判别的一门学科。所谓模式就是用事物的特征所构成的数据结构,或者说模式是对事物定量的或结构的描述。

所谓模式判别是指计算机通过运用某种技术,自动地或者尽可能少的人为干预地把待判别模式归入到相应的模式类中去。不同的事物有不同的特性,相应地判别方法也不同。目前,主要的模式判别方法有统计模式判别方法、结构模式判别方法和模糊模式判别方法三种。

模式识别技术在智能交通中最典型的应用之一就是车牌自动识别技术。车牌自动识别技术采用计算机视觉技术自动识别车辆牌照,其流程通常包括六个步骤:车辆图像采集、图像预处理、车牌定位、字符分割、字符识别和输出识别结果,如图4-18所示。

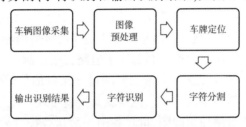

图4-18 车牌识别过程示意图

⑤信息融合技术

信息融合是指利用计算机技术对按时序获得的若干传感器的观测信息,在一定准则下加以自动分析和综合,以完成所需的决策和估计任务而进行的信息处理过程。按照这一定义,多传感器系统是信息融合的硬件基础,多源信息是信息融合的加工对象,协调优化和综合处理是信息融合的核心。交通数据融合的主要目的就是将来自多检测器或多源的交通信息和交通数据进行综合处理,从而得出更为准确可信的结论。

按照数据抽象的层次不同,数据融合可分为三个级别,即数据级融合、特征级融合和决策级融合。数据级融合是直接在采集到的原始数据层上进行的融合,在各种传感器的原始测报未经预处理之前就进行数据的综合和分析,这是最低层次的融合。特征级融合属于中间层次,它先对来自传感器的原始信息进行特征提取,然后对特征信息进行综合分析和处理。决策级融合是一种高层次融合,其结果为指挥控制决策提供直接依据。

根据应用目的的不同,交通信息融合的方法有:直接对数据源的操作(数据级融合),如加权平均法、神经网络等;利用对象的统计特性和概率模型进行操作(特征级融合),如卡尔曼滤波法、贝叶斯估计法、统计决策理论等;基于规则推理的方法(决策级融合),如模糊推理法、论据推理法和产生式规则等。

常用数据融合方法的特点简介如下:

- 经典的统计和推理方法:如贝叶斯推理、D-S(Dempster-Safer)证据理论等,都属于传统的推理方法,其缺点是需要先验概率分布知识,但实际应用中往往是未知的。

- 模糊推理方法:应用模糊推理理论建立的模糊数据关联算法,尤其是在决策级数据融合中起到重要的作用。
- 聚类分析法:这是一种分类算法,它根据事先给定的相似标准,把观测值分为类,也可以分为等级。
- 估计理论法:它是信息融合与跟踪的基本理论,主要有经典估计理论(如最大似然估计、贝叶斯估计等)和最优估计理论(如卡尔曼滤波器、鲁棒估计等)两种理论。
- 熵法:用熵概念计算与假设有关的信息内容度量值,在对采用经验或主观概率进行被选假设估计的系统中有广泛的应用。
- 品质因素算法:根据观测数据和先验加权系数计算两个观测实体之间的相似度。
- 人工智能方法:专家系统作为人工智能的一个应用分支,在信息融合系统中得到了广泛的应用。它的最大优点是可以模拟专家经验知识、决策及推理过程,并用知识库技术构造模型,产生一系列规则,从而完成估计和决策。

(5) 交通控制技术

在交通领域内广泛采用了城市道路交通控制、快速路交通控制、公交优先控制、轨道交通类车运行控制等,因此交通控制是交通信息技术应用的重要内容。

城市道路交通控制与快速路交通控制都属于道路交通控制,由于其道路个特征不同,所以控制方式也截然不同。如城市道路交通主要通过交叉口的信号灯来控制,而快速路交通控制则包括出入口匝道控制和主线控制。但是就其控制原理来说,则有许多相似之处。

为了解决交通信号的协调控制问题,世界各国先后从线控到面控(区域控制)研制出很多交通信号控制系统,其中最典型的有:英国的 TRANSYT(Traffic Network Study Tools)系统——交通网络研究工具,用于脱机交通信号优化配时方案;澳大利亚的 SCATS(Sydney Co-ordinated Adaptive Traffic System)系统——悉尼自适应交通控制系统;英国的 SCOOT(Split Cycle Offset Optimizing Technique)系统——基于绿信比、周期、相位差优化技术的实时自适应交通协调控制系统。其中,SCATS 和 SCOOT 是世界上两个最优秀的城市交通信号控制系统。

目前,国内外以应用的信号控制系统大多数都是以优化定周期方案、优化路口绿信号配比以及协调相关路口通行能力为基础,根据历史数据和自动检测到的车流量信息,通过设置的控制模型算法选取适当的信号配比控制方案,故称为被动控制策略。

随着网络科技的发展,交互式控制策略使信号控制由感控到诱导,实现了真正的智能化交通信号控制系统,这不仅可以检测到车流量等交通信息参数,调控路口绿信号配比,变化交通限行、禁止等指路标志,还可以根据系统链接的数据库完成与交通参与者之间的信息交换,向交通参与者显示道路交通信息、停车场信息等,提供给交通参与者合理的形式路线,以达到均衡道路交通负荷的主动控制策略。

这部分内容分为四大部分:①道路交通控制,主要针对城市道路交通交叉口的信号控制,包括控制方式、SCATS 系统和 SCOOT 系统;②高速公路(快速路)的交通控制,针对其匝道控制和主线控制;③公交优先控制策略及方法,在公交车辆检测的基础上,实施信号优先控制策略,包括被动优先控制、主动优先控制和实时优先控制;④轨道交通中的列车自动运行控制技术,主要包括区间闭塞控制、速度防护控制及车站联锁控制。

(6)交通信息发布技术

交通诱导是指通过一定的信息传播媒介,向交通参与者提供道路的实际运行情况,提醒、建议或控制交通参与者选择最佳的行走路线,避免和减少行程延误及损失的一种主动式的交通控制方式。它的最大特点是通过传递情报消息,引导和控制交通参与者的自动调控交通行为,以达到道路交通安全、畅通、有序运行和路网交通流均衡的目的。

按照交通诱导信息显示的位置,交通诱导系统可分为车内诱导系统和车外诱导系统;按照交通诱导信息作用于交通参与者的时间,可分为出行前诱导系统和出行中诱导系统。交通诱导的主要手段包括可变信息标志、声讯语音平台、短信平台、指路服务站、网站、个人移动终端(手机/PDA)、车载终端、交通广播台等。

城市交通诱导系统的有两种不同的功能:一是分配动态交通流的道路交通诱导功能——动态交通诱导系统;二是维护静态交通与动态交通平衡的停车诱导功能——静态停车诱导系统。前者以动态交通分配理论为基础,实时分析复杂多变的路网交通状态,通过信息收集、加工处理、信息传递,综合运用GPS和GIS等技术,利用各种诱导信息发布手段动态地向出行者提供实时的交通信息和最优路径引导指令,以达到均衡路网交通流的目的。后者则是静态交通与动态交通协调平衡的有效手段,它以促进停车场及相邻道路的有效利用为目的,通过可变信息板、车载信息发布装置、互联网、手机平台等多种方式向驾驶员提供停车场的位置、使用状况、路线及相关道路交通状况等信息,以便引导驾驶员便捷、快速地找到停车场。

交通诱导系统中主要涉及的应用技术有车辆定位、地图匹配、路径优化、计算机和通信等,其中车辆定位技术和路径寻优技术是动态交通诱导的两项关键技术。

这部分内容分为三大部分:①信息发布技术,主要针对路边固定信息发布技术、个性化信息发布技术和动态交通图形化发布技术;②动态交通诱导关键技术,包括卫星定位技术、组合定位技术(如"GPS+陀螺"定位法、"GPS+无线信标"定位法等)、路径寻优技术(如静态诱导路径搜索Dijkstra算法和A*算法等);③城市交通诱导系统,重点是动态交通诱导系统和静态交通诱导系统。

(7)交通信息平台技术

智能交通共用信息平台在很大程度上是各子系统的整合,如何实现各子系统之间的信息采集、存储、管理和传输已成为实现先进的交通管理系统各项功能的核心和关键,共用信息平台就是实现系统信息集成的重要手段。

这部分内容主要介绍共用的智能交通信息平台基础及主要支撑技术:数据库技术和GIS-T技术及其应用。

(8)交通信息技术应用案例

结合典型的交通信息系统或智能交通系统的应用实例,如卡口系统、电警系统、交通监控系统、交通信号控制系统、动态交通诱导系统、静态交通诱导系统、公交运行调度系统或电子收费系统等,深入剖析交通信息技术在这些实例中的具体应用,包括系统功能、结构组成、系统设计思路分析和关键技术应用等,加深学生对交通信息技术应用的深入理解。

4.7.3 课程学习目标

本课程主要讲述了交通信息技术的基本知识、基本原理、技术理论及系统一般设计方法,重点为交通信息的采集、传输、处理、控制与发布各环节的信息技术方法与应用。通过该课程的学习,学生应了解国内外交通信息技术的发展与应用现状;重点掌握磁频、波频、视频以及移动式等交通信息采集技术;了解交通信息的数字、无线和光纤等信息传输技术及传输网络及其应用;掌握主要的交通信息处理技术,包括数据预处理技术、交通状态判别与事件检测技术、交通预测技术、模式识别技术和信息融合技术等;了解并掌握交通控制技术,包括城市道路交通控制、快速路交通控制、公交优先控制、轨道交通类车运行控制等;熟悉交通信息发布和动态交通诱导的关键技术,重点掌握动态交通诱导系统和静态交通诱导系统;熟悉交通信息平台的关键技术;通过交通信息技术案例分析,深化学生对交通信息技术的深入理解,并结合后续交通信息技术课程设计,使学生达到能够应用交通信息技术进行系统初步设计和综合应用水平,为今后从事智能交通系统的设计和技术管理工作奠定基础。

4.8 电子的交通警察——交通监控系统

4.8.1 课程介绍

交通监控系统是交通设备与控制工程本科专业的专业课之一。本课程的内容综合性、实践性强。交通监控系统在智能交通系统行业中被广泛应用,是保障交通安全、缓解交通拥堵、掌握交通数据的常用手段之一。本课程的开设是使学生了解交通监控系统中常用的监控数据采集技术,尤其是视频数据采集技术;掌握监控系统的硬件组成;熟悉交通监控数据的处理流程及典型技术的实现方法,为后续智能交通系统集成的学习奠定基础。在学习本课程之前,学生除了具备交通专业知识外,还需掌握常用的通信技术、传感技术和编程技术。本课程的先导课为交通传感技术和 C 语言,是智能交通系统集成的先导课。

开课安排:建议本课程开设于第 6 学期,设置 32 学时,2 学分。

教学模式:以理论教学和实验教学为主。

教学重点:交通监控系统的结构组成,主要设备性能指标,实现交通监控数据智能处理的程序开发基础。

教学难点:交通监控图像处理基础。

4.8.2 课程主要内容

本课程教学内容可分为三个模块,我国交通监控系统发展现状、监控系统硬件组成和监控系统软件实现技术。以下是各模块的详细内容:

(1)我国交通监控系统发展现状

本模块先介绍监控系统的重要作用、典型产品和应用现状,然后重点介绍视频监控的发展历程和各阶段特征。

(2)监控系统硬件组成

本模块知识点包括非视频监控系统工作原理,如环形线圈检测原理及系统组成、微波检测原理及系统组成和声波检测原理及系统组成等;视频监控系统工作原理,即视频监控系统硬件组成、摄像机成像原理及技术参数、传输技术、视频分配器和画面分割器的作用、监控数据存储与处理技术、监控结果发布技术等。

视频监控系统是本模块的重点内容,视频监控系统是一种典型的智能交通系统,包括数据采集、传输、处理和发布等环节。视频监控的数据采集端最能体现其特色,即与其他监控技术相比,视频监控数据最直观、信息量最大。真实的场景经由摄像机的光电转换成为数字图像,光线穿过相机镜头后折射进入成像单元,由成像面的感光器件采集光线,并根据其强度和色彩生成对应的电信号,所有感光器件的电信号强度再转换为图像的灰度值,代表图像中某像素点的颜色。生成的图像数据先后经过压缩和传输,直至监控中心或处理器。再根据监控系统的需求,以多种形式被显示或处理。监控系统的管理者可主动或被动地查看监控处理结果,进而对监控对象或监控场景的交通信息进行控制,如调节信号灯系统、显示采集结果或发布处罚结果等。

(3)监控系统软件实现技术

视频监控数据的处理是一项专门的学问,即数字图像处理。本模块讲授数字图像处理基础和交通视频监控技术典型案例,主要知识点包括数字图像基本原理、数字图像处理主要内容、实现图像处理的主要方法以及交通监控图像处理的典型案例,如车牌识别或交通流参数提取等。

从信号的角度看,图像是一种二维信号,图像信号可以数组或矩阵的形式被存储和处理,因此数字信号处理的理论可用于数字图像处理。图像处理包括图像变换、图像增强、图像压缩编码、图像分割和图像识别等,常用的图像处理工具有 MATLAB 和 OpenCV,其中包含了很多图像处理常用的函数,便于学习和应用。

4.8.3 课程学习目标

本课程的学习目标是让学生掌握交通监控系统的硬件组成和交通图像数据的处理技术,能够根据需求设计监控系统方案,能够编写、调试或改进交通监控图像处理实现代码。

通过本课程学习,学生应了解相机的成像原理、相机的性能参数、交通"电子警察"和高清卡口的作用;学生应熟悉交通监控系统的硬件组成和工作原理;熟悉交通监控数据处理工具的使用;掌握数字图像的基本处理手段;了解如车牌识别或交通流参数提取等交通图像处理的实现方法。

通过本课程学习,学生应能够根据需求设计可行的监控系统方案,选择合理的交通监控硬件和传输手段,明确数据的处理流程。学生应根据掌握的图像处理技术实现交通监控图像的一般处理,如图像读取与显示、彩色图像与灰度图像的转换、像素点的操作、图像特征提取、图像中虚拟线圈的设定等。

本章小结

本章系统阐述了交通设备与控制工程专业的交通背景知识类课程的基本情况、学时、学分、开课学期的基本要求,课程开设的目的、课程的主要内容,以及教学方式和学习方式,为下一步深入学习该专业的具体专业课程奠定了基础。

练习与思考题

1. 交通工程学在整个专业中的定位是什么?
2. 交通管理与控制课程的主要内容有哪些?
3. 交通设计类课程有哪些,每门课程在交通设计类课程体系中的关系是怎样的?
4. 交通信息技术课程的主要内容有哪些?

第5章 专业支柱之二——硬件集成技术

> **本章学习目标**
>
> 本章介绍交通设备与控制工程课程体系中各门硬件集成类课程以及各门课程包含的主要知识,通过本章的学习,应重点掌握以下内容:
> ★ 硬件集成类课程包含的具体课程
> ★ 学习硬件集成类课程的目的
> ★ 各门课程的主要知识点
> ★ 各门课程的学习方法

硬件集成类课程是进行交通硬件集成的基础,通过本课程群的学习,学生应对交通信息采集、处理、传输、发布各个环节的核心课程有初步的了解。

5.1 交通的智能化发展——智能交通系统

5.1.1 课程介绍

智能交通系统是交通设备与控制工程本科专业的智能交通先导类专业课之一。智能交通系统(Intelligent Traffic System,简称ITS)又称智能运输系统(Intelligent Transportation System),是将先进的科学技术(信息技术、计算机技术、数据通信技术、传感器技术、电子控制技术、自动控制理论、运筹学、人工智能等)有效地综合运用于交通运输、服务控制和车辆制造,加强车辆、道路、使用者三者之间的联系,从而形成一种保障安全、提高效率、改善环境、节约能源的综合运输系统。本课程在交通设备与控制工程专业课程体系中具有重要作用,智能交通系统将电子技术、通信技术、计算机技术和自动控制技术综合应用于交通管理与交通控制中,是解决当前交通问题的有效途径。

本课程的先导课为交通设备与控制工程专业导论,对交通控制单片机、交通信息技术、交通传感技术和交通机电设备等一系列课程有重要支撑作用。

开课安排:建议本课程开设于第2或第3学期,设置24学时,1.5学分。

教学模式:以理论教学为主,所以教学方式建议采用幻灯片教学为主,适当增加参观实验课程,加深学生对各个系统的直观认识程度。

教学重点:各个系统的框架和原理。

教学难点:无。

5.1.2 课程主要内容

本课程内容较多,主要包括交通特性分析、交通调查与分析、交通流理论和道路通行能力四个核心内容,以及交通规划、公共交通规划、交通管理与控制等概述性内容。以下是各部分内容的详细知识点介绍。

(1) 智能运输系统的理论基础

本知识点主要介绍动态交通分配理论、智能协同理论、交通网络实时动态交通信息预测理论、智能控制理论。上述理论是智能交通主要的几大基础理论模块。

(2) 智能运输系统的基础技术

本知识点主要介绍智能运输系统应用的几种主要技术,包括定位技术的分类和原理,以及国内外主流的四大卫星定位系统:GPS 定位系统、GLONASS 定位系统、北斗导航定位系统(图 5-1)和伽利略导航定位系统导航定位的原理和应用案例;GIS 软件、高德地图等交通地理信息系统;交通通信技术的分类和基本原理、通信系统的组成,以及手机通信、蓝牙、Zig-Bee 等交通通信技术的应用案例。

图 5-1 北斗卫星导航系统模拟图

(3) 基础交通信息采集与融合技术

本知识点主要介绍视频、微波、红外、激光、声波、超声波、声学、磁力、线圈等信息采集技术,以及图像识别技术、手机定位技术、手机扫码识别技术,雷达测速、激光测速等测速设备,MetroCount 气压式检测器、NC 系列地磁检测器、超声波检测器、线圈检测器等设备的原理、适用条件、优缺点以及使用方法,针对上述技术开发的车牌识别系统、违章抓拍系统、ETC 等信息采集系统。为后续交通传感技术和智能交通系统集成课程开设奠定基础。

(4) 出行者信息系统

本知识点主要介绍出行者信息系统的服务内容以及卫星导航定位系统、道路路况电子显示牌、路况发布网络信息平台等出行者信息系统。

先进的出行者信息系统(Advanced Traveler Information System,ATIS),采用信息采集、传输、处理和发布方面的最新技术成果,可以为更广泛的出行者提供多种方式的实时交通信息和动态路线诱导功能。发布手段主要通过车载终端、蜂窝电话、有线电话、有线电视、大屏幕显示和互联网等。

随着通信电子地图、计算机技术和多媒体技术的高度发展,使得先进的出行者信息系统为出行者提供个性化的出行帮助成为可能;通过为出行者提供需要的信息,大大减少出行者对信息进行筛选的工作量。例如通过车载终端或者手机 App 进行出行起终点的输入,可以根据用户出行偏好查询和选择路线。

(5) 交通流诱导系统

本知识点主要介绍城市交通流诱导系统结构框架、最优路径选择模型及其算法。

交通诱导系统(TGS,Traffic Guidance System),或称车载导航系统(VNS,Vehicle Navigation System),是基于电子、计算机、网络和通信等现代技术,根据出行者的起讫点向道路使用者提供最优路径引导指令,或是通过获得实时交通信息帮助道路使用者找到一条从出发点到目的地的最优路径。

这种系统的特点是把人、车、路综合起来考虑,通过诱导道路使用者的出行行为来改善路面交通系统,防止交通阻塞的发生,减少车辆在道路上的停留时间,并且最终实现交通流在路网中各个路段上的合理分配。

根据交通诱导信息的作用范围,交通流诱导系统可以分为车内诱导系统和车外诱导系统。在车内诱导系统中,实时交通信息在车辆和信息中心之间传输。这种诱导系统诱导对象是单个车辆,也称车辆个体诱导系统,这类系统的诱导机理比较明确,容易达到诱导的目的;在车外诱导系统中,交通诱导信息在车流检测器、信息中心和外场信息显示设备(交通信息板、交通诱导屏等)之间传输,诱导对象是车流群,也称群体车辆诱导系统。

交通诱导信息发布,主要是指通过车载终端、电台及电视台、Internet、外场诱导显示设备(可变交通信息板和交通诱导显示屏)把交通诱导信息发布出去。主要可以分为车载导航系统、可变交通信息板、交通诱导屏3种信息发布形式。

随着手机导航App的逐渐应用,该诱导方式正成为主流,为驾驶员和乘客的出行带来了极大的交通便捷。未来随着路径诱导算法的不断完善、交通拥堵预测精准程度的提高,交通流诱导系统将更好地服务于人们的出行(图5-2)。

图5-2 手机App导航示意图

(6)先进的公共交通系统

本知识点主要介绍先进的公共交通系统体系结构、应用的典型技术以及智能化公交调度系统平台。

先进的公共交通系统APTS(Advanced Public Transportation System)通过吸引出行者选择公交出行方式,改善公共交通运行效率,为乘客提供便捷、经济、运量大的公交系统。该系统通过采集交通量信息、客流信息、站点和行程时间信息,将信息进行处理和优化,提出最优调度方案。该系统一般包括智能公共交通优化子系统、智能公共交通调度子系统、智能公交信息服务子系统、智能公交评价子系统等。可以实现公交车辆的智能化排班、实时调度、车辆定位和监控、运营分析、视频监控和系统综合管理等功能(图5-3)。

(7)先进的交通管理系统

本知识点主要介绍城市交通管理系统框架、交通指挥控制中心的模块构成、各个模块的功能,以及交通信息采集、传输、处理、发布的交通监控、指挥调度实例。该系统通过先进的监测、控制和信息处理等子系统,向交通管理部门和驾驶员提供对道路交通流进行实时疏导、控制和对突发事件应急反应的功能,集成了交通控制系统、高速公路管理系统、应急管理系统、公共交通优先系统、不停车自动收费系统、交通公害减轻系统和需求管理系统等系统的功能，是一个综合交通管理调度平台。

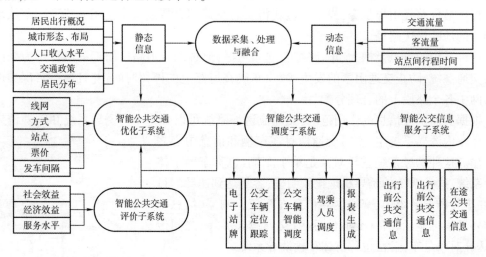

图 5-3　先进的公共交通系统框架图

（8）高速公路交通事件管理系统

本知识点主要介绍交通事件管理的内容、基本流程以及事件管理系统的实例。事件管理系统是高速公路监控系统的一个重要子系统，主要是用来减少事件所造成的影响。主要包括高速公路系统的监视、偶发事件紧急服务和驾驶员信息系统等功能（图 5-4）。

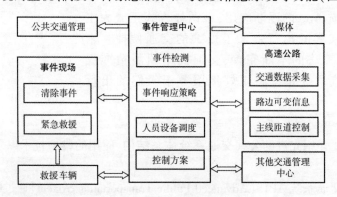

图 5-4　高速公路交通事件管理系统框图

（9）电子收费系统

电子收费系统（Electronic Toll Collection System，简称 ETC）又称不停车收费系统，是通过设置在收费公路收费站出入口处的天线及车型识别系统和安装在车辆的车载装置，利用信息通信技术，自动实现通行费支付的系统。该系统通过在车窗上安装感应卡，无须停车进行实时电子缴费，省去了人工通道停车、刷卡、缴费和找零过程，可以允许车辆高速通过，大大提高了公路的通行能力；公路收费走向电子化，可降低收费管理的成本，有利于提高车辆的营运效益；同时也可以大大降低收费口的噪声水平和废气排放。

除了用于高速公路自动扣费，ETC 系统也用于市区过桥、过隧道自动扣费，在车场管理中也用于建立快速车道和无人值守车道，自动扣停车费。可以大幅提高出入口车辆通行能力,改善车主的使用体验,达到方便快捷出入停车场的目的。

(10)汽车与自动驾驶系统

本知识点主要介绍智能车辆系统结构与微机测控系统、基于视觉导航的智能车辆模糊逻辑控制、智能车辆的自主驾驶与辅助导航。

自动驾驶系统采用先进的通信、计算机、网络和控制技术,对列车实现实时、连续控制。采用现代通信手段,直接面对列车,可实现车地间的双向数据通信,传输速率快,信息量大,后续追踪列车和控制中心可以及时获知前行列车的确切位置,使得运行管理更加灵活,控制更为有效,更加适应列车自动驾驶的需求。

自动驾驶系统是一个汇集众多高新技术的综合系统,作为关键环节的环境信息获取和智能决策控制依赖于传感器技术、图像识别技术、电子与计算机技术与控制技术等一系列高新技术的创新和突破。无人驾驶汽车要想取得长足的发展,有赖于多方面技术的突破和创新。

自动驾驶系统相关的关键技术,包括车载定位、环境感知、逻辑推理和决策、运动控制、处理器性能等。随着导航定位、机器视觉(如3D摄像头技术)、模式识别软件(如光学字符识别程序)和光达系统(已结合全球定位技术和空间数据)的进步,车载计算机可以通过将机器视觉、感应器数据和空间数据相结合来控制汽车的行驶。

本课程在讲授理论知识的同时,建议增加大量实际案例使学生更好地理解和掌握课本知识。

5.1.3 课程学习目标

本课程的目的是使学生对智能交通系统的原理和构成有初步的了解,为后续相关课程的开设打下基础。

通过本课程的学习,学生应了解智能运输系统的产生与发展、智能运输系统的研究内容、我国智能运输系统的发展现状及趋势,掌握智能运输系统的研究内容、我国智能运输系统的发展现状及趋势。

通过本课程的学习,学生应掌握全球定位系统(GPS)、地理信息系统(GIS)、高速公路监控系统、高速公路通信系统、高速公路收费系统、高速公路交通事件管理系统等各种系统在交通运输中的应用。

通过本课程的学习,学生应培养与形成对计算机技术与智能运输系统、多媒体技术与智能运输系统、传感器技术与智能运输系统、交通监控系统与智能运输系统、交通通信系统与智能运输系统的分析能力;培养学生对先进的交通信息系统、先进的交通管理系统、先进的车辆系统、先进的公共运输系统、商用车辆运营系统实验动手能力。

5.2 深入理解电子计算机——操作系统

5.2.1 课程介绍

操作系统是交通设备与控制工程专业选修课之一。操作系统是计算机科学与技术领域中最为活跃的学科之一,计算机技术是智能交通系统的支撑技术,因而操作系统课程被设置为交通设备与控制工程专业硬件集成模块的选修课之一。本课程的主要任务是帮助学生理解操作系统在计算机系统中的作用和地位,掌握、运用操作系统在进行计算机软硬件资源管理时常用的概念、方法、算法、技术等。操作系统原理课程内容包括操作系统概述、进程管理、存储管理、文件系统管理、I/O 系统管理,以及现代操作系统相关方向的发展趋势。本课程的先导课为计算机技术基础,是计算机网路和智能交通系统集成的先导课。

开课安排:建议本课程开设于第 5 或第 6 学期,设置 32 学时,2 学分。

教学模式:以理论教学和实验教学为主,采用多元化教学方式,如比喻教学法、启发教学法。

教学重点:各个模块的操作。

教学难点:相关算法和设计。

5.2.2 课程主要内容

本课程帮助学生理解操作系统在计算机系统中的作用和地位,课程内容包括操作系统概述、进程管理、存储管理、文件系统管理、I/O 系统管理,以及现代操作系统相关方向的发展趋势。通过完成操作系统的实验环节,使学生了解操作系统的一般性体系结构,了解相关方向的发展趋势,掌握开发一个操作系统的实用技术。通过本课程的学习培养学生计算思维能力、算法分析及设计能力、大规模软件设计与实现能力,以及计算机软硬件系统的认知、分析、设计与应用能力。本课程的具体内容包括:

(1)操作系统概述

本部分讲授操作系统基本概念,知识点包括操作系统的概念、功能和基本类型,批处理系统的概念,操作系统中批处理的功能。

(2)进程管理

本部分知识点包括进程的概念、进程控制块、进程通信方式,线程的概念、用户级线程、内核级线程、多线程模式;互斥、同步、死锁的概念,什么是进程互斥、进程同步和进程死锁,调度算法的概念、进程调度的功能、什么是三级调度。

(3)存储管理

本部分知识点包括存储管理的功能,分区存储管理、覆盖交换基础,段式与段页式管理;逻辑地址与物理地址的关系,动态加载和动态链接;寄存器的概念;页式存储中页、页帧、页表的概念;段式存储中段和段表的概念;虚拟内存的概念、虚拟地址的概念和虚拟存储的实现。

(4)文件管理

本部分知识点包括文件系统的概念,文件的结构、属性、类型和文件的访问方式,文件目录的管理方式、文件存储空间的管理,目录的概念、目录操作和目录结构,文件共享、文件保护和文件访问控制的实现。

(5)Windows 操作系统设备管理和文件系统

本部分知识点包括 I/O 系统的概念,I/O 设备访问方式,端口的概念,总线的概念。

5.2.3 课程学习目标

通过本课程的学习,学生应掌握现代计算机系统中操作系统的基本概念和功能、各部分的工作原理和设计方法,了解操作系统的各组成部分如何协调工作,理解操作系统在整个计算机体系中的重要地位和作用,理解系统级软件与应用软件、硬件在设计运行上的区别和联系,为学生从事计算机方面的开发和应用奠定基础。

通过本课程教学,培养学生设计、开发操作系统的基本技能,以及基于操作系统开发高性能应用的应用开发技能,培养学生对大型复杂软件的设计、开发和管理等的软件工程能力。

5.3 硬件开发的核心课程——交通控制单片机

5.3.1 课程介绍

交通控制单片机是交通设备与控制工程本科专业的专业课之一。本课程作为交通设备与控制工程专业硬件集成方向的核心课程,在课程体系中具有重要作用。随着计算机技术在智能交通系统中的深入应用以及单片机性能的不断提高,以51系列8位兼容机组成的单片机应用系统可以满足智能交通系统应用领域的主要需求。通过学习单片机系统原理,可为智能交通系统集成的学习打下基础。本课程的先导课为计算机技术基础和电工与电子技术,是智能交通系统集成的先导课。

开课安排:建议本课程开设于第4或第5学期,设置64学时,4学分。

教学模式:以理论教学为主,以实验教学为辅。

教学重点:单片机的结构原理和应用系统的组成与设计方法。

教学难点:单片机语言和应用。

5.3.2 课程主要内容

本课程以学习51单片机的使用为核心,具体包括以下内容:

(1)计算机基础

计算机常用数制及计算机系统组成特点;单片机的特点、应用及发展现状;单片机的系统组成。

(2)单片机的硬件结构

单片机基本结构和存储结构;寄存器的功能;单片机引脚功能;单片机工作方式;单片机时序;单片机最小系统结构。

(3)单片机汇编语言基础

汇编语言的分类、组成和定义;汇编程序的功能和使用方法;单片机指令系统,包括寻址、数据传输、数据运算、控制转移和位操作指令;汇编语言程序中顺序程序、分支程序、循环程序、位操作程序和子程序设计的方法;单片机程序开发软件的使用方法和上机操作步骤。

(4)单片机基本功能

单片机中断功能(中断、中断源、中断优先级的概念;中断的系统结构;中断相关控制字;外部中断源的扩展方法;中断响应过程;中断的实现);单片机定时/计数功能(定时/计数器结构和工作原理;定时/计数器应用编程);单片机的串口通信(串行通信基本概念;单片机串口结构、控制方法、工作方式和比特率设置;通过控制寄存器设置串口通信方式)和单片机的输入输出功能(显示器、键盘和结构电路的原理、输入输出电路软硬件设计思想;模数转换原理及实现)。

(5)单片机在交通中的应用

交通传感器信号特点、执行器信号特点;常见交通传感器电路设计和程序设计;常见交通执行器信号的处理电路设计和程序设计。

5.3.3 课程学习目标

本课程的目的是使学生掌握单片机系统的基本原理、单片机程序设计的基本方法,了解单片机系统在交通中的应用现状,能够利用单片机程序设计技术进行交通中相关软硬件系统的设计和实现。

通过课程学习,学生应掌握单片机的系统组成和发展现状;掌握单片机系统的基本结构、单片机工作方式和引脚功能;了解汇编语言的定义和组成、汇编程序的使用方法;熟悉单片机指令系统;熟悉汇编语言程序设计;熟悉单片机程序开发软件的使用;掌握单片机的中断、定时/计数功能;熟悉单片机串口通信原理和实现方法;熟悉单片机输入输出电路软硬件设计。

课程学完后,学生应能够根据实际要求设计单片机硬件系统,合理选择硬件并搭建单片机控制系统,利用单片机开发软件进行程序设计。学生应该熟悉单片机技术在交通传感器和控制器中的应用情况,并能利用本课程知识开发微型的交通传感器系统或物联网应用模型等。

5.4 现代通信技术在交通中的应用——交通通信网

5.4.1 课程介绍

交通通信网是交通设备与控制工程本科专业的专业课之一,讲授在智能交通系统中广泛应用的现代通信技术基本知识。通信技术是信息时代、互联网时代乃至人工智能时代的支撑技术和核心,通信技术建立了人与物、物与物之间数据往来的通道。在机器逐渐取代人力人脑的今天,各种各样的数据被转换成电子信号的形式,在四通八达的通信网络中传输。当然,在智能交通系统中,通信技术也发挥着重要作用,智能交通系统的采集、传输、处理、控制和发布环节都离不开通信技术。因此,本课程在交通设备与控制工程课程体系中具有重要作用,其出现是交通行业发展到信息化时代的必然结果,体现了传统的交通工程专业与先进的通信专业逐步融合的趋势。本课程是交通传感技术、自动控制原理、交通监控系统和交通系统集成等课程的先导课。

开课安排:建议本课程开设于第3或第4学期,设置48学时,3学分。

教学模式:教学方式建议采用课堂理论教学为主,案例教学和实验教学为辅。

教学重点:现代通信技术的基本理论、基本概念和基本方法,现代无线通信技术的主要手段。

教学难点:现代数字通信系统中各组成部分的功能,通信网络中各种交换技术的优缺点。

5.4.2 课程主要内容

依据智能交通系统的实际需求,本课程主要包括当代交通通信技术发展现状;信号处理及信息论基础;现代通信系统基本理论;通信网基础和智能交通系统中常用的通信技术及案例。以下是各部分内容的详细说明。

(1) 当代交通通信技术发展现状

本部分介绍当前国内外通信技术在智能交通行业中的应用情况及趋势。具体包括交通行业和通信行业相融合的现状;智能交通行业发展对先进通信技术的需求;我国交通通信网的现状分析等。

通过本部分知识学习,学生应该认识到通信技术在传统的交通领域如何应用,在现代的智能交通领域发挥怎样的作用。

(2) 信号处理基础

通信,是人与人之间、人与机器之间、机器与机器之间信息的传输与交换。信息是人类进行通信时要传输的消息,消息可以有多种形式,如语音信息、文字信息、图像信息等。无论消息的形式如何多变,在利用现代通信系统进行信息传输时,消息都必须转换成电信号。所以,信息的传输就是电信号的传输和转换。

信号处理基础部分首先讲授信号与消息的关系,即消息是信号的内容,信号是消息的表现形式。随后讲授信号如何被处理。具体内容包括信号的描述方法、信号的种类、信号的基本运算以及常用信号等。图5-5中显示的就是标准的余弦波信号波形。

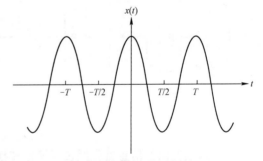

图5-5 余弦波信号波形图

虽然大家对于余弦函数和波形非常熟悉,余弦函数的周期、频率、幅度和相位等属性也是众所周知。余弦函数看似简单,其实余弦波信号在信号处理领域中非常重要。目前无线通信技术应用非常广泛,我们的生活每天都离不开移动通信(手机终端),信息在不同的终端之间传输,信号被转换成能在空气中传输的无线电磁波信号,而电磁波信号就是各种不同频率、不同相位、不同幅度的余弦波信号叠加而成。信号处理就是分析各种信号的性质,并且从不同的角度对信号进行运算和转换。

(3) 现代通信系统基本理论

本部分知识是课程的重点内容,讲授通信系统的基本概念、基本理论和基本模式。通信是信息的传输与交换,通信系统主要讲授信息如何从发送端被传输到接收端。图5-6显示了一般的通信系统模型,发送端将要传输的信息转换成电信号之后,分别经过发送设备、信道和接收设备,到达接收端。接收端再将电信号转换成合适的形式给信息接收者。其中,发送设备的功能是进行信号转换,使之能在信道中传输。信道,是传输的通道,根据传输介质的不同,分为有线和无线信道两种,有线介质包括电缆、网线和光纤等,无线通信就是将信息转换成电磁波信号,在空气中传输。经过信道传输后,信息到达接收设备,在传输过程中,由于环境、设备和通信本身的原因,信号被各种噪声干扰出现损耗。接收设备的作用就是将有用信息尽可能地从干扰噪声中提取出来。因此,通信系统的主要内容就是如何实现发送设备、信道和接收设备的功能。

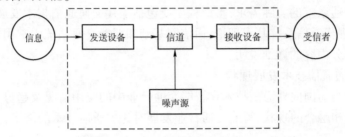

图 5-6　通信系统一般模型

通信系统分为模拟通信系统和数字通信系统,模拟通信系统传输随时间连续变化的模拟信号,如模拟固定电话通信系统等,数字通信系统传输离散的数字信号,如现在的移动通信系统(智能手机通信)等。随着计算机和互联网的普及,以及数字信号的诸多优点,数字通信系统的应用更加广泛,在智能交通系统中也是如此。因此,通信系统部分主要讲授数字通信系统的各种基本概念和理论。图 5-7 显示了数字通信系统的组成图,在图 5-6 的一般通信系统模型基础上细化了许多。

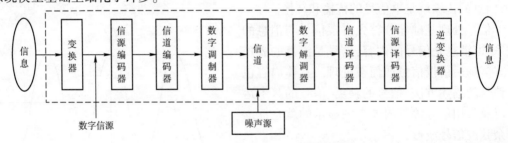

图 5-7　数字通信系统一般模型

发送端发出的信息首先经过变换器转换成数字电信号,然后分别经过编码和调制后,进入信道传输。到达接收端后,先后经过解调和解码,恢复原始的数字电信号,再经过逆变换器转换成电信号,然后以语音、图像或文字的形式传给接收者。可见,在数字通信系统中包含的环节多,传输复杂。此处简单介绍一下编码和调制的主要作用。

衡量一个通信系统有两项评价指标:有效性和可靠性。有效性衡量通信系统的传输速度,可靠性衡量通信系统的传输准确率。当然,通信系统应当又快又准确地传输信息,可在真实通信中,鱼与熊掌不可兼得,研究人员只能尽可能地改善通信的有效性和可靠性,所采取的措施主要就是编码。从图 5-7 中可见,数字通信系统中包含信源编码和信道编码,信源编码是一种提高通信有效性的措施,即通过去除无用信息或进行压缩,使传输的信息尽可能小;信道编码则是提高通信可靠性的措施,即尽可能减少传输中的误差。调制器的功能是进行信号转换,使之适合在对应的信道中传输。因为不同的信道对其中传输的信号有特别的要求,如移动通信的语音业务中,使用手机发送语音和接收语音(即说和听),就分别需要两条不同的通信信道,需要利用调制技术将发送语音和接受语音调制到不同的信道频率上。

在接收端,解码和解调的功能与编码和调制的功能相对应。

(4)通信网基础

本部分知识讲授通信系统升级到通信网所需的基础理论。利用通信系统的技术能实现一端到另一端的通信,但如果需要进行多个端点之间的通信,比如,目前中国有数以亿计的移动通信用户,他们之间都可以进行通信。利用什么技术能实现这么用户之间的通信,答案就是交换技术。

交换,是任何一个网络的核心。众多的交换设备把通信终端连接起来,交换设备的主要功能是存储和转发通信信号。目前已经提出很多种交换技术,从原始的电路交换,到分组交换、帧中继、ATM 交换和软交换等。

(5)智能交通系统中常用的通信技术及案例

本部分讲授有线和无线通信技术在智能交通系统中如何应用,可选择典型的智能交通系统案例,如 ETC 不停车收费系统、交通电子警察系统等,帮助学生理解和掌握各种通信技术怎样推动智能交通的发展。具体知识点包括常用有线介质的通信能力(电缆、网线和光纤);典型无线通信技术基础,如移动通信、蓝牙通信、ZigBee 通信、RFID 通信等。

本部分在讲授理论知识的同时,可开设 4~8 学时的实验课程,提高学生理论联系实际的能力。实验内容可选择通信系统调试实验、交通通信组网实验、智能交通数据采集与传输实验等。

5.4.3 课程学习目标

通过本课程的学习,学生应理解智能交通系统中通信技术的重要性;掌握信号和通信基本概念、理论和计算;能够在智能交通系统的数据采集和传输环节中根据需求选择合理的通信方式;能够顺利地学习交通传感技术、自动控制原理、交通监控系统和交通系统集成等后续课程。

5.5 交通的"感觉器官"——交通传感技术

5.5.1 课程介绍

交通传感技术是交通设备与控制工程专业的专业课之一。本课程在智能交通系统类课程体系中占据重要地位。交通信息是城市交通规划和交通管理的重要基础信息,通过全面、丰富、实时的交通信息不但可以把握城市道路交通的发展现状,而且可以对未来发展进行预测。因此,交通信息采集与处理技术无论对城市的规划、路网建设、交通管理,还是对未来智能交通系统功能的实现都非常重要。动态交通信息采集系统的目标是全面、自动、连续地从路网上获得不同地点和路段上的交通流信息。而要实现这一目标,就离不开信息传感器。本课程包含了交通信息检测中常用的传感技术。

本课程的先导课为交通控制单片机、智能交通系统,是智能交通系统集成的先导课。

开课安排:建议本课程开设于第 4 或第 5 学期,设置 48 学时,3 学分。

教学模式:以理论教学和实验教学为主。

教学重点:各种传感器的工作原理。
教学难点:各种传感器的相关参数。

5.5.2 课程主要内容

本课程首先简要介绍智能交通系统中需要采集哪些信息数据,然后分别详细介绍多种不同的信息采集技术。

(1)绪论

本部分主要介绍智能交通系统、交通信息在智能交通系统中的重要作用和主要的交通流参数。

(2)基于磁频的车辆检测技术

本部分详细介绍基于磁频技术的交通信息检测,包括环形线圈检测技术和地磁检测技术。环形线圈检测技术部分首先讲授环形线圈的工作原理,即利用LC并联谐振电路频率的变化检测有无车辆。然后讲授环形线圈检测系统组成和工作流程。最后讲授该技术在不同交通场景中的应用,如在电子警察系统、交通信号控制系统等的实际应用。地磁检测技术部分首先讲授地磁技术工作原理,进而讲授如何利用地磁技术检测有无车辆,最后讲授该技术在交通场景中的应用。

(3)基于射频的车辆检测技术

本部分讲授射频识别(RFID)技术如何在交通车辆检测中应用。首先,讲授RFID技术的发展,然后讲授RFID系统组成及工作原理。RFID系统包括信号发射机(标签)、信号接收机(阅读器)和发射接收天线3部分,标签附着在被检测目标上,存储了被检测目标的身份信息,标签分为被动式标签和主动式标签。当被检测目标进入阅读器工作范围时,阅读器通过天线接收标签发送的目标身份信息数据,完成目标识别。本部分还可通过案例讲授RFID技术在智能交通中的应用。

(4)基于波频的车辆检测技术

本部分讲授各种不同频率波频检测技术在交通中的应用,包括超声波、微波和红外3种类型。首先,讲授超声波检测的工作原理和应用;然后讲授微波雷达技术在交通车辆检测和测速中的应用;最后,讲授红外检测器的工作原理和应用。应注意不同频率的声波或电磁波检测技术的区别。

(5)基于视频的车辆检测技术

本部分讲授基于视频处理技术的车辆检测,包括交通视频监控系统组成和工作原理。首先,讲授视频检测技术在交通中的应用现状;然后讲授视频检测系统组成;最后,详细讲授如何利用视频处理技术实现车辆目标的检测和跟踪。需指出,因为视频数据比其他检测数据更直观,信息量更大,所以视频检测技术在智能交通系统中的应用会越来越多。

(6)道路环境检测技术

本部分讲授检测交通道路环境所需的传感技术。道路环境检测包含能见度检测和空气污染程度检测,在能见度检测部分,学习能见度定义、能见度检测原理和能见度检测方法。在空气污染程度检测部分,学习机动车污染排放量的检测和估计方法,以及如何实现污染物排放的检测。

(7)移动型交通数据采集技术

本部分讲授移动式交通信息采集技术,分别介绍 GPS 式浮动车信息采集系统组成和工作原理,浮动车采集数据选取方法和浮动车信息采集系统应用。利用浮动车信息采集系统的数据可以估算路段平均速度。

(8)交通检测技术综合应用

本部分介绍各种检测技术在交通中的应用案例,重点讲述电子警察系统。本部分先介绍交通流检测系统的组成,然后介绍电子警察系统组成和主要子系统的功能实现,包括闯红灯记录系统和车辆智能监测记录系统。

5.5.3 课程学习目标

通过本课程的学习,学生应对智能交通系统中信息采集所需的各种传感技术深入理解。要掌握磁频、射频、波频和视频检测器的工作原理,掌握交通环境检测器工作原理,掌握移动式交通检测系统工作原理,重点掌握环形线圈检测器、RFID 检测技术、雷达测速仪、红外检测器、视频检测器和浮动车检测器的工作原理及检测系统组成。

通过课程的学习,学生应能够正确使用上述各种交通传感设备,能够识别并分析上述传感器采集的交通信息数据,能够根据需求合理设计智能交通系统的采集端系统方案。

5.6　现代控制技术的基础——自动控制原理

5.6.1　课程介绍

自动控制原理是交通设备与控制工程的专业课之一。本课程在智能交通系统类课程体系中占据重要地位。自动化技术、通信技术和计算机技术是智能交通系统的主要技术支撑,其中自动化技术对应的理论课程就是自动控制原理。随着自动化技术的巨大进步,自动控制技术已经应用于很多学科,如机械、动力、冶金、仪器仪表等,在智能交通系统中的应用也越来越广泛。自动控制理论不仅对工程技术有指导作用,还能培养学生的辩证思维能力,增强学生理论联系实践的能力,提高学生综合分析问题的能力。交通设备与控制工程专业作为交通领域中综合性、实践性突出的专业,重在培养学生运用课本知识解决实际问题的能力。

本课程的先导课为交通通信网,是智能交通系统集成的先导课。

开课安排:建议本课程开设于第 5 或第 6 学期,设置 48 学时,3 学分。

教学模式:以理论教学为主。

教学重点:自动控制的基本理论、基本分析和研究方法。

教学难点:自动控制的时域分析法、根轨迹分析法、频域分析法、控制系统的校正、非线性控制系统和离散控制系统。

【说明】:本课程理论性较强,难度较大,学生应在课下认真预习、课上认真听讲,多练习,提高对知识的把握程度。

5.6.2 课程主要内容

本课程系统讲授自动控制理论,先介绍自动控制的基本概念和控制系统的数学描述方法,然后重点讲授自动控制的时域分析法、根轨迹分析法、频域分析法,接着讲授控制系统的校正,最后简要介绍非线性控制系统和离散控制系统。

(1) 自动控制的基本概念和控制系统的数学模型

自动控制的基本概念部分讲授自动控制的定义、常用术语,自动控制的基本方式,自动控制系统的分类,控制系统的分析。控制系统的数学模型部分讲授建立数学模型的原则,系统微分方程的建立,系统的结构图和信号流图,线性系统的传递函数。

本部分知识点理论性强,涉及的基本概念、基本理论和基本方法对于后续内容的学习具有重要的引导作用,学生在学习中应非常重视本部分。

(2) 自动控制的时域分析

本部分内容是课程的重点,讲授控制系统时域分析理论。本部分的知识点包括时域分析的概念,时域系统的典型信号,阶跃响应的性能指标,一阶时域系统分析方法,二阶时域系统的阶跃响应与特征根及相关参数的关系,二阶系统的性能指标及计算方法,控制系统稳定性分析的劳斯判据及其应用,控制系统稳态误差的定义,给定型号作用下和扰动信号作用下稳态误差分析。

本部分内容与交通通信网课程中的信号与系统部分联系紧密,学生应牢固掌握时域分析的基本理论和概念,并能利用时域分析理论解决控制系统的数学问题。

(3) 控制系统的根轨迹分析法

本部分讲授根轨迹的概念,根轨迹与系统性能,建立根轨迹方程的方法,根轨迹的绘制方法,如何利用根轨迹分析系统的性能以及闭环极点的位置与系统性能的关系。

根轨迹法是利用图解方法表示特征方程的根与系统某一参数全部数值的关系的方法,在控制工程中被广泛用于求高阶特征方程的根。

(4) 线性系统的频域分析法

本部分讲授线性系统频域响应及频率特性的相关概念,典型环节的频率特性,最小相位系统和非最小相位系统的概念,奈奎斯特稳定判据,开环对数频率特性与系统稳态性能、动态性能的关系,开环频域指标与时域指标之间的关系,闭环频率特性。

频域分析法是应用系统的频率特性研究线性系统的经典方法,以控制系统的频率特性作为数学模型,以伯德图或其他图表作为分析工具,分析控制系统的动态性能和稳态性能。频域分析法使用方便,对问题的分析明确,便于掌握,因此在控制系统分析中得到广泛应用。

(5) 控制系统的校正

本部分讲授如何利用系统校正改善控制系统的性能。主要内容包括校正的基本概念,典型的校正装置,频域法串联校正和反馈校正。

当初步设计的控制系统性能指标达不到要求时,需要通过系统校正改善系统性能,可通过改变系统参数或增加系统装置实现。利用增加辅助装置改善系统性能的方法称为系统校正,该辅助装置称为校正装置或控制器。

(6) 非线性系统和离散控制系统

本部分讲授典型非线性系统的种类和特征,非线性系统的分析方法,离散系统的基本概念,离散系统的数学模型。

虽然自动控制系统原理研究的主要对象是线性控制系统,但实际的控制系统大多是非线性系统。通过学习非线性系统的特征、非线性系统的描述函数法和相平面法可以了解非线性控制系统的处理理论。

随着数字处理系统的普及,数字控制器在很多场合取代了模拟控制器,作为分析和设计数字控制器理论的离散系统理论得到飞速发展,通过线性离散系统控制理论的学习,学生可以了解数字控制器的原理。

5.6.3 课程学习目标

通过本课程的学习,学生应掌握自动控制理论基本概念和基本原理;学完课程后应该掌握运用自动控制原理技术分析和解决实际问题的能力;应掌握建立数学模型的方法,利用结构图和信号流图描述系统;掌握控制系统的时域分析法、根轨迹法和频域分析法;能够根据要求校正控制系统;会分析非线性系统和离散控制系统。

5.7 第三次工业技术革命的代表——计算机网络

5.7.1 课程介绍

计算机网络是交通设备与控制工程的专业选修课之一。本课程是计算机技术领域的主要课程之一,计算机技术是智能交通系统的支撑技术之一。本课程旨在教育学生掌握计算机网络的体系结构和流行的参考模型,了解计算机网络技术发展的前沿技术,进而学生在从事智能交通系统相关的工作时可较熟练地运用计算机网络技术。

本课程的先导课为交通通信网和操作系统,是智能交通系统集成的先修课。

开课安排:建议本课程开设于第5或第6学期,设置32学时,2学分。

教学模式:以课堂教学为主,实验教学为辅。通过课堂讲授计算机网络相关理论,通过实验演示和操作强化学生对知识的掌握和理解。

教学重点:网络模型、物理层、数据链路层、网络层、传输层、应用层。

教学难点:网络构建。

5.7.2 课程主要内容

本课程系统全面的讲授计算机网络体系结构和基本原理,具体知识模块包括如下内容:

(1) 计算机网络概述

本部分知识点包括计算机网络的定义、分类和网络的形成与发展,计算机网络拓扑结构,资源子网和通信子网的概念。数据通信的概念,通信技术的原理、模型,编码、调制、复用等技术的概念,传输信道和传输介质的概念和分类,交换技术的概念和重要作用。

(2) 网络模型

本部分知识点包括计算机网络体系结构的形成,网络协议与层次划分,开放系统互联参考模型(OSI)七层体系结构,TCP/IP协议参考模型五层体系结构。其中TCP/IP协议参考模型是后续学习的主要内容。

(3)物理层

本部分讲授TCP/IP体系结构的物理层技术与协议,知识点包括物理层的基本概念,数据通信基本知识,常用传输媒介,信道复用技术和数字传输技术。

(4)数据链路层

本部分知识点包括数据链路层协议,点对点协议及通信,广播信道的数据链路层,以太网的类型和特点。

(5)网络层

本部分知识点包括IP地址的概念,网络层服务(虚电路服务和数据报服务),网际协议IP的分类,IP地址的分类,地址解析协议ARP和IP数据报。什么是子网掩码,如何划分子网,如何进行分组转发,如何构成超网,什么是网际控制报文协议,什么是因特网的路由选择协议,是学生应重点掌握的内容。

(6)传输层

本部分知识点包括传输层协议(用户数据报协议和传输控制协议),传输的工作原理,TCP协议报文的格式,TCP传输的实现,TCP流量控制和拥塞控制。

(7)应用层

本部分知识点包括应用层协议,域名系统DNS的概念,文件传送协议FTP和TFTP的原理,远程终端协议的概念,万维网的概念,超文本传送协议HTTP的概念,电子邮件的信息格式,动态主机配置协议和网络管理协议。

(8)网络安全技术

本部分知识点包括什么是网络安全问题,一般的数据加密模型,什么是对称密钥密码体制和公钥密码体制,什么是数字签名、报文鉴别和密钥分配,因特网安全使用协议,防火墙的概念和入侵检测。

5.7.3 课程学习目标

通过本课程的学习,学生不仅要掌握计算机网络相关的基本概念,还应可以运用网络技术知识进行网络的构建和维护。具体学习目标包括掌握计算机网络的基本概念,基本原理及相关网络实现技术,重点掌握开放系统互联(OSI/RM)体系结构和TCP/IP协议参考模型五层体系结构。掌握数据通信模型、数据编码方式、多路复用技术、调制技术、交换技术和控制技术等概念。掌握局域网拓扑结构、局域网介质访问控制方法和IEEE 802标准模型。掌握TCP/IP协议参考模型理论知识及各层相关的协议,重点掌握网络层IP协议、传输控制协议TCP、文件传输协议FTP、超文本传输协议HTTP的格式和功能。理解网络安全与网络管理的重要性,了解网络安全问题的鉴别,掌握网络安全策略制定的方法与基本内容、网络文件的备份与恢复。了解计算机网络技术的现状及发展。

本章小结

本章系统阐述了交通设备与控制工程专业的硬件集成类课程的基本情况、学时、学分、开课学期的基本要求,课程开设的目的、课程的主要内容,以及教学方式和学习方式,为下一步深入学习该专业的具体专业课程和后续课程的实践奠定了基础。

练习与思考题

1. 智能交通系统在整个专业中的定位是什么?
2. 交通控制单片机课程的主要内容有哪些?
3. 通信类课程有哪些?每门课程在交通设计类课程体系中的关系是怎样的?
4. 交通传感技术课程的主要内容有哪些?目前交通中常用的传感设备有哪些?

第6章 专业支柱之三——软件开发技术

> **本章学习目标**

本章介绍交通设备与控制工程课程体系中软件开发类课程以及课程包含的主要知识,通过本章的学习,应重点掌握以下内容:
- ★ 软件开发类课程包含的具体课程
- ★ 学习软件开发类课程的目的
- ★ 各门课程的主要知识点
- ★ 各门课程的学习方法

软件开发类课程是交通软件编程、软件开发、软件应用的基础,通过本课程群的学习使学生对计算机编程语言、计算机软件系统的组成、交通软件的应用有初步的了解。

6.1 实用的程序设计语言——面向对象程序设计

6.1.1 课程介绍

面向对象程序设计是本专业程序设计类课程之一,属于专业选修课。面向对象程序设计语言是一类非常重要非常实用的编程语言,适用于各种复杂情况的程序设计,在全球范围内得到广泛应用。在智能交通系统相关的软件开发和硬件集成工作中,需要通过程序设计解决问题,所以本专业开设了面向对象程序设计课程。本课程主要讲授面向对象程序设计的思想和方法,使学生充分掌握面向对象程序设计的精髓:抽象、封装、继承、多态及模板等。在此基础上熟练运用面向对象程序设计的方法分析和求解实际设计问题。本课程所讲授的高级编程语言可以是 C++、Java、C#或 Python,本书中以 C++为例介绍本课程主要内容。本课程的先导课为计算机技术基础和数据结构与算法分析。

开课安排:建议本课程开设于第5或第6学期,设置48学时,3学分。建议本课程教学中设置一周或两周的课程设计,用以强化学生对面向对象程序设计语言的活学活用。

教学模式:建议采取课堂教学、实验教学和案例教学多种方式相融合的方法。

教学重点:面向对象程序设计语言的主要特性和实现方法,包括类的定义、封装性、继承性和多态性。

教学难点:如何根据实际需要定义合适的类,如何利用面向对象程序设计语言的特性提高编程效率。

考核方式:以上机考核为主。

6.1.2 课程主要内容

本课程系统地讲述C++语言中面向对象程序设计的基本概念、基本语法和编程方法，详尽地讲述C++语言中的类和对象、继承和派生类、多态性和虚拟函数等内容，使学生掌握利用面向对象方法进行程序设计，培养学生应用计算机解决和处理实际问题的思维方法与基本能力，为计算机科学与技术专业的其他课程的学习打下基础。课程具体内容如下：

（1）面向对象程序设计简介

本部分作为从面向过程的程序设计语言（如C语言），向面向对象的程序设计语言（如C++语言）过渡的环节，教学内容包括面向对象程序语言的特征，面向对象程序设计语言与面向过程程序设计语言的不同之处，以及如何编写简单的面向对象程序代码。

面向对象程序设计语言的最大特色是提出了类和对象的概念。类，与C语言中的结构体有相似之处，是一种用户自己定义的数据类型。但是，类的功能比结构体强大的多。一个类包括两类成员，数据成员和成员函数，类的成员可根据需要设置成公有成员、私有成员或保护成员。不同成员的访问属性是不一样的，因此可以实现数据封装，即信息隐藏。类定义完成之后，可以用其生成类的对象，或者基于该类派生另外的子类。在利用面向对象程序设计语言编程时，可以将重复性工作或模型的共同属性抽象成类，大大提高编程效率。

（2）类和对象的深入学习

本部分详细介绍类的各种特性，包括类的成员属性（数据成员和成员函数）、类的成员类型（公有成员、私有成员和保护成员）、类的对象生成方法、构造函数和析构函数的作用等。

如上文所述，类是一种用户自定义的数据类型，代表了一批对象的共同特征。类是对象的抽象，对象是类的具体实例。或者说，类是对象的模板。类的数据成员称为类的属性，类的成员函数称为类的行为，比如动物类的颜色、体重等是其属性，捕食、睡眠等是其行为或功能。定义类时，要交代清楚类的属性和行为特征。

类的构造函数实现对类的初始化，一个类可以包含一个或多个构造函数。构造函数名与类名相同。类的析构函数功能与构造函数相反，在撤销对象的内存之前完成清理工作。一个类只能有一个析构函数。

（3）继承性和派生类

继承性是面向对象程序设计语言的最主要特征，是程序可重用性的体现。在传统的程序开发中，人们往往要为每一种应用单独开发程序，即使两种应用具有许多相同的特点。显然，这种方法的重复工作量很大，编程效率很低。在面向对象程序设计中提出了继承这一机制，实现了代码的重复使用，很大程度上提升了编程效率。

比如，需要定义一个类student表示学生，该类包含学生的一般属性，如学号、姓名、年龄等。然后，需要针对交通设备与控制工程专业的学生再定义一个新的类studentJK，该类不仅包含student类的所有属性，还包括专业属性。此时，在定义studentJK类时，就可以通过继承机制，由student类派生出studentJK类，然后在studentJK类中添加专业属性即可。利用student类派生出studentJK类，也就是studentJK类继承了student类，student类称为基类或父类，studentJK类称为派生类或子类。

在使用继承机制时，可以控制子类继承父类的方式。类的成员类型包括公有成员、私有成员和保护成员,继承的方式也包括公有继承、私有继承和保护继承。其中,不同类型的成员,在不同继承方式中的访问属性不一样。这是学习继承机制时最困难的一点。

(4)多态性

多态性也是面向对象程序设计语言的主要特征,利用多态性可以设计和实现易于扩展的系统。多态性,即事务具有多种形态的特性,在程序设计中指不同功能的函数可以使用同一个函数名,不同的对象调用该函数时,函数发挥不同的功能。比如,单位的总经理向下属下达同一条命令,作为下属的人事部门经理、生产部门经理和销售部门经理对该命令的响应是不一样的。这是因为根据公司的规章制度,不同职位的人员工作内容各不相同,每个员工都知道自己的职责。如果没有相应的规章制度,总经理只能向每个部门经理单独下达命令,如此工作效率就下降许多。建立公司的规章制度就是利用了多态机制。

运算符重载和函数重载都属于多态性的体现。在运算符重载中,同一个运算符在不同表达式中,可以执行不同的运算,比如加法运算符"+",可以实现实数型数据的相加,也可以实现复数型数据的相加。复数相加的功能就是通过运算符重载实现的。

(5)输入输出和文件系统

本部分内容主要包括输入输出流的概念,流格式的控制方法,流的错误检测和处理,字符和字符串处理函数,文件处理流程,文本文件的输入输出。

6.1.3　课程学习目标

通过本课程的学习,学生应理解面向对象程序设计语言的主要特征,掌握C++程序设计语言的语法规则,能够运用C++语言工具,解决智能交通系统中的小型程序设计问题,为将来从事相关领域的项目研发或工程维护工作奠定基础。

6.2　程序设计的深入领悟——数据结构与算法分析

6.2.1　课程介绍

数据结构与算法分析是交通设备与控制工程的专业学科基础课之一,属于专业课程体系的软件开发技术类分支。计算机技术是智能交通系统的支撑技术之一,故在本专业课程体系中设置了一类计算机技术相关课程,数据结构与算法分析就是此类课程中的基础课程。计算机技术涉及信息的表示和信息的处理。信息的表示和组织又直接关系到处理信息的程序的效率。随着应用问题的不断复杂,信息量剧增与信息范围的拓宽,使许多系统程序和应用程序的规模很大,结构又相当复杂。因此,必须分析待处理问题中的对象的特征及各对象之间存在的关系,这就是本课程所研究的问题。具体而言,包括如何从实际问题中抽象出数学模型,如何合理定义和存储问题所涉及的数据,如何进行数据运算,以及如何提高程序性能等。

本课程的先导课为计算机技术基础,是交通信息数据库、面向对象程序设计等课程的先导课。

开课安排:建议本课程开设于第3或第4学期,设置48学时,3学分。

教学模式：以理论教学和实验教学为主。

教学重点：数据结构和算法基本概念、线性表、栈、队列、串、树和图等基本类型的数据结构。

教学难点：线性表、栈、队列、串、树和图等基本类型的数据结构。

【说明】：本课程理论性较强，难度较大，学生应在课上认真听讲，提高对知识的把握程度。

6.2.2 课程主要内容

本课程首先讲授数据结构和算法的基本概念，然后从抽象数据类型的角度分别讲授线性表、栈、队列、串、树和图等基本类型的数据结构。

(1) 数据结构和算法基本概念

本部分知识点包括数据结构及抽象数据类型定义，算法、算法复杂度定义，时间复杂度与算法分析，数据存储基础及流程控制基础，数据存储方法，数据结构操作实现，数组、指针、结构、链表、类型定义等。

本部分内容是全课程的基础，学习时要注意理解基本概念和基本定义。

(2) 线性表

本部分知识点包括线性表的定义与实现，线性数据结构的定义及实例，线性表的顺序存储实现，线性表的链表存储实现，广义表与多重链表的定义及实现。

线性结构是最简单最常用的数据结构，线性表是典型的线性结构，线性表中的元素是有序和有限的。线性表数据存储时可使用顺序存储和链式存储，学习时要注意两种存储方式的区别。

(3) 栈和队列

本部分知识点包括堆栈的定义，堆栈的实现，堆栈应用；队列的定义及抽象数据类型，队列的顺序存储实现、链式存储实现和队列的应用。

栈和队列是两种广泛应用的数据结构，属于操作受限的线性表。

(4) 串

本部分知识点包括串类型的定义，串的表示和实现，串的应用。串是零或多个字符组成的有限序列，是一种特殊的线性表。串的存储方式取决于如何对串进行操作，其存储方式包括定长顺序存储，堆分配存储和块链存储。

(5) 树

本部分知识点包括树的定义和相关术语，二叉搜索树的定义，二叉搜索树的动态查找，二叉搜索树的插入、删除，平衡二叉树的定义，平衡二叉树的调整及实现，哈夫曼树的定义、构造以及哈夫曼编码。

树形结构是重要的非线性结构，以分支关系定义的层次结构。而二叉树结构又是一种非常重要的树结构，其结构简单，存储效率高，任何其他树结构都可以转化成二叉树结构。哈夫曼树又称最优树，是一类带权路径长度最短的树，有着广泛的应用。

(6) 图

本部分知识点包括图的基本概念，图的抽象数据类型，图的存储结构及编码实现，图的遍历，图的最短路径的定义，关键路径和拓扑排序。

图是比线性表和树更复杂的数据结构,图结构用于研究数据元素之间的多对多关系,图中任意两元素之间都可能相关。

(7) 排序

本部分知识点包括排序的时间复杂度,选择排序的原理,选择排序的实现,选择排序的时间复杂度,插入排序的原理、实现,交换排序的原理、实现,归并排序的原理、实现,外部排序的定义及原理,各种排序方法的比较。

排序是数据处理中最常用的操作,将任一文件中的记录通过某种方法整理成按关键字有序排列的处理过程称为排序,排序后的数据便于数据查找。

6.2.3 课程学习目标

通过本课程的学习,学生应重点掌握数据结构和算法的基本概念和基本原理。通过本课程的学习,在后续面向对象程序设计和交通信息数据库课程的学习中,学生更容易理解其语法规则和含义,进行程序设计学习和工作时也可更加自如。

6.3 交通大数据处理的基础——交通信息数据库

6.3.1 课程介绍

交通信息数据库讲授有效地、结构化地管理大容量数据的数据库开发技术,是本专业的专业必修课之一。全球已经进入信息时代,数据库技术和网络技术是信息技术中最重要的两大支柱。二十一世纪以来,交通行业的智能化水平不断提高,交通数据的存储和处理越来越依赖先进的信息技术。在交通信息化和交通大数据的时代背景下,数据库技术成为交通设备与控制工程专业课程体系中不可或缺的一环。本课程的先导课程是计算机基础(C语言)和数据结构与算法分析。

开课安排:建议本课程开设于第3或第4学期,设置48学时,其中理论教学20学时,上机练习28学时,3学分。

教学模式:以理论教学和实验教学为主。

教学重点:数据库结构化查询语言(Structured Query Language,SQL)的语法规则,数据库管理系统的结构和主要功能以及数据库管理系统软件的操作。教学内容可选择Oracle系列或Microsoft SQL Server系列的数据库管理软件。

教学难点:SQL语言的语法规则以及数据库技术开发。

【说明】:本课程的实践性强,需要重视实验上机环节,强化学生动手能力的培养。

6.3.2 课程主要内容

本课程的学习内容涵盖数据库管理系统的基本理论、数据库管理系统软件的使用和SQL语言的语法规则。本文以微软公司的SQL Server数据库管理系统软件为例,介绍课程主要内容。

(1)认识数据库管理系统

本部分内容介绍什么是现代的数据库管理系统和数据库管理系统软件,数据库管理系统软件的安装方法,数据库管理系统的体系结构及各组成部分的功能,数据库管理系统软件的基本操作和数据库开发工具。

数据库管理系统提供了对数据库操作的各种功能,其结构体系包括4部分,核心组成部分是数据库引擎,其余是分析服务、报表服务和集成服务。数据库管理系统的体系结构如图6-1所示。通过数据库管理系统软件可以创建、查看、维护数据库,数据库(Database)是按照某种特定的数据结构来组织、存储和管理数据的仓库。数据以表的形式存储于数据库内,表是数据库的最主要的对象。数据库管理系统提供了表、视图、索引、存储过程等数据库对象,以实现对数据的各种处理。

(2)数据库和表的操作

本部分内容涉及如何创建、修改数据库和表,主要内容包括数据库的定义,数据库的基本组成,利用SQL语句创建和修改数据库的语法格式,以及利用SQL语句创建和修改表的语法格式等。

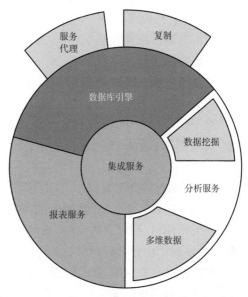

图6-1 数据库管理系统的体系结构

在数据库管理系统软件中,可以利用软件图形用户界面和SQL语句两种方式实现对数据库的各种操作。第一种方式简单直观易学,第二种方式较复杂,但却是学习的重点。学习SQL语句命令时要掌握其语法规则,举一反三,灵活使用。

(3)数据库结构化查询语言基础

本部分较系统地讲授SQL语言的语法规则,包括常量、变量、运算符和表达式,SQL语言的分类,常用函数等。

本部分内容是课程的主要内容之一。SQL语言与C语言一样,也是程序开发语言,但SQL语言是数据库开发的专门语言,其语法规则与其他高级编程语言有很多不同。学生学习时,要注意掌握SQL语言语法规则特殊之处。

(4)表数据的操作

本部分内容是全课程的学习重点,讲授如何利用SQL语句对表数据进行操作,尤其是进行查询操作。主要内容包括数据查询语句的完整语法格式,多表查询,子查询,表数据的插入、更新和删除操作。

高效的查询功能是数据库结构化查询语言的最大特色,若不能精通数据查询命令,说明学生对数据库课程的学习并没有掌握其精髓。为了在海量数据中快速精确地查找到目标数据,SQL语言中的查询命令有很多的关键字,一条查询命令可能需要非常多的条件语句。只有通过多练习,才能逐渐掌握各种情况的查询命令。

(5)数据库的完整性约束

本部分讲授实现数据库完整性的各种约束,包括主键约束、外键约束、唯一约束、检查约束、默认值约束和非空约束。学生应掌握各种条件下添加和修改各种约束。

为了保证数据库中数据的正确性和有效性,数据库管理系统提供了完整性约束机制,具体表现为上述的6种约束。比如,主键约束表征了主键列数据具备唯一性、不许为空、不许重复的特性,违反这种特性的数据是不能插入到主键列的。

(6)索引和视图

本部分讲授两种数据库对象,索引和视图,内容包括数据库中索引和视图的作用,如何添加和修改索引和视图。

数据库管理系统中的索引类似于图书的目录,用于快速找出某一列中具有某种特性的值。

视图常用于集中、简化和定制显示数据库中的数据信息。视图是一种虚拟表,视图中显示的数据来自数据库的各个表中,而不是作为一个类似表的实体占据一定的物理存储空间。

(7)存储过程和触发器

本部分内容较难,讲授数据库的两个强大的工具,存储过程和触发器。主要内容包括存储过程的作用,存储过程的类型,如何创建、修改和执行存储过程,触发器的功能,触发器的分类,触发器的创建、修改和执行。

数据库的存储过程是事先编辑好的、存储在数据库中的一组被编译了的SQL命令集合,用于完成对数据库的制定操作。存储过程可以有输入参数,可以返回处理结果。存储过程类似其他高级编程语言中的子程序。

触发器是一种特殊的存储过程,但没有输入和输出参数,不能被调用,只能作为语句的执行结果自动引发。

(8)数据库的安全机制

本部分内容包括数据库管理系统安全机制的重要性,数据库管理系统的登陆模式,登录账户的管理,用户、角色和权限的管理。

数据库的安全机制体现了网络安全的重要性。数据库管理系统自上而下提供了多层安全机制,并且通过用户、角色和权限等设置,给同一个数据库的不同类型的使用者提供数据库的操作空间。

经过以上知识模块的学习,学生应能够系统地掌握关系型数据库开发的基本知识,这些知识在智能交通系统的工程项目中有着广泛的应用。如图6-2所示的智能公交调度系统开发中,就必须应用数据库开发技术将各组成部分的数据结构化地、有效地进行管理。

从图6-2可见,一套完成的公交智能调度系统包含车辆监控、调度管理、统计分析、信息发布、内部管理、基础数据维护和系统管理等部分。各个部分之间相对独立,也存在联系,其中基础数据维护部分是其他部分的支撑。比如,通过基础数据的车辆管理和车载的检测器数据,可以实现车辆监控部分的大部分功能,如实地监控、超速报警等;通过基础数据的人员管理和线路管理可以实现调度管理部分的排班管理。可见,进行公交智能调度系统的开发时,创建基础数据部分是关键,此时可以利用数据库开发技术创建公交调度的基础数据库和一系列存储人员、车辆、线路和车队等数据的表对象。在创建该数据库时,需要综合运用数据库创建、表对象创建、表数据完整性约束的实现和表数据的插入等知识。

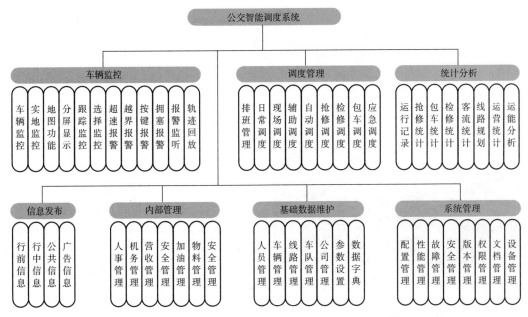

图 6-2 公交智能调度系统框架

基础数据库创建后,再根据公交调度系统其他组成部分的功能和相关数据创建如车辆监控数据库、调度管理数据和内部管理数据库等。这些数据库的创建过程同样需要运用数据库开发的知识。如果学生熟练掌握了这些知识,并且通过课程设计和实践环节锻炼了数据库开发的技能,在毕业后就可以从事诸如公交调度数据库、交警监控平台数据库等实际的大型数据库开发和维护工作。

6.3.3 课程学习目标

本课程的目的是使学生掌握关系型数据库管理系统的基本理论和使用方法,解决智能交通系统中数据处理问题。

学生应掌握数据库的体系结构、数据库的文件组成、SQL 语言语法规则、各种数据库对象、数据库的安全机制和数据完整性约束等,掌握数据库的基本理论。

通过本课程学习,学生应具备独自创建小型数据库的能力,具备参与团队协作创建大型数据库的能力,具备维护已建数据库的能力。学生应根据所学的交通和数据库专业技能,处理交通采集的数据库,并根据需求查询筛选目标数据。

6.4 交通虚拟与可视化的工具——交通仿真

6.4.1 课程介绍

交通仿真是交通设备与控制工程本科专业的交通软件类核心专业课之一。本课程在交通设备与控制工程专业课程体系中具有重要作用,交通仿真技术作为一门新兴学科目前被广泛应用在交通工程的规划、设计、运营管理等各个领域中。交通仿真课程是一门实践性较强的课程，对基础理论要求不是很高，但要求学生具备较强的动手能力和实践操作能力。熟练掌握交通仿真软件，能够为学生从事交通规划、设计以及运营管理的工作提供很好的仿真分析能力。交通仿真效果如图6-3所示。本课程的先导课为交通工程学。

图 6-3 交通仿真效果图

开课安排：建议本课程开设于第4或第5学期，设置24学时，1.5学分。

教学模式：以上机和实践教学为主，基本采用案例教学方式。

教学重点：交通仿真基本流程的操作。

教学难点：鼠标和键盘的操作。

考核方式：以上机考核和答辩为主。

【说明】：本课程实践性较强，学生应在课上和课下多加练习、勤于动脑，多动手操作软件进行实践，更好地提高对课程和软件技能的把握能力。

6.4.2 课程主要内容

本课程内容主要包括界面与基础操作、路网创建、交通组成设置及流量加载、信号控制设置、车流控制设置、检测器设置、仿真参数设置、三维效果处理、视频输出等，建议采用案例为平面信号交叉口、立体交叉口、平面无信号交叉口3个案例，并在平面信号交叉口案例中辅以公共交通案例。本课程在讲授理论知识的同时配有相应的实验，使学生通过实践更好地理解和掌握交通仿真技能，具体案例应用见8.4节道路交通仿真系统案例。以下是本课程的主要内容介绍。

(1)交通仿真基础操作

本模块主要包括界面构成、菜单栏、工具栏构成与使用；鼠标的基础操作、键盘的基础操作；路段的添加、修改、删除，路段属性参数，导入背景图进行路网的创建；交通组成设置及流量输入、修改，路径设置；信号控制方案设置；车流控制设置；检测器设置，参数设置和仿真结果输出；仿真参数设置；添加、修改三维模块等三维效果处理；视频输出参数设定和视频输出。

(2)案例仿真实验

本模块主要包括导入背景图，创建仿真路网，输入交通量、速度、信号控制等仿真参数，进行仿真演示，输出仿真结果等。

6.4.3 课程学习目标

本课程的目的是使学生掌握交通仿真软件的基本操作、将交通仿真软件应用于实际工作中，实现虚拟交通场景的可视化，并能够通过交通仿真输出结果对交通规划、设计方案进行评估。

(1)通过本课程的学习掌握交通仿真软件的基本操作，能够了解交通仿真的基本知识；掌握鼠标和键盘操作；掌握路网搭建基本操作，能够搭建基础路网；掌握交通组成输入方法、转向流量输入方法；掌握信号相位设置和输入，掌握信号灯头添加方法；掌握让行和冲突区域设置,掌握限速的控制;掌握检测器的设置和检测器的布设。掌握仿真参数调整和仿真数据输出;掌握三维场景的设计,能够添加、修改3D物体;掌握关键帧的设置,能够输出动画。

(2)通过本课程的学习能够独立完成平面信号交叉口交通仿真路网的创建、参数输入、信号控制方案输入以及仿真结果输出;能够独立完成立体交叉口仿真路网的创建、参数输入、高程的设置以及仿真结果输出;能够独立完成平面无信号交叉口仿真路网的创建、参数输入以及仿真结果输出;能够完成公共交通线路和站点的添加、能够编制行车时刻表。

6.5 交通电子地图的基础工具——地理信息系统

6.5.1 课程介绍

地理信息系统是交通设备与控制工程本科专业的交通软件类核心专业课之一。本课程结合地理学与地图学以及遥感和计算机科学,已经广泛地应用在不同的领域,是用于输入、存储、查询、分析和显示地理数据的计算机系统。地理信息系统(GIS)与全球定位系统(GPS)、遥感系统(RS)合称"3S"系统。GIS软件是地理信息系统主流软件,绝大多数的车载导航系统、交通规划仿真软件、公交调度系统等电子地图软件都是基于GIS软件平台开发。本课程的学习为智能交通系统集成应用打下基础。

开课安排:建议本课程开设于第4或第5学期,设置48学时,3学分。
教学模式:实验教学为主。
教学重点:数据获取、数据结构、空间分析、GIS软件使用、电子地图二次开发。
教学难点:GIS软件的操作。
考核方式:以上机考核为主。
【说明】:本课程实践性较强,学生应在课上和课下多加练习、勤于动脑,多动手进行实践,更好地提高对课程和软件技能的把握能力。

6.5.2 课程主要内容

本课程内容主要包括数据获取、数据结构、空间分析、GIS软件使用、电子地图二次开发。以下是各部分内容的知识点介绍。

(1)地理信息系统概论
本部分主要讲述GIS发展概况、系统功能、GIS的应用、GIS组成。
(2)地图数字化
本部分主要讲述GIS数据采集、GIS数字化、地图投影、道路网地图数字化。
(3)空间数据采集与处理
本部分主要讲述空间数据源、数据采集、数据编辑与处理、空间数据质量及其精度分析。
(4)地理信息系统数据结构
本部分主要讲述空间数据的数据结构关系、栅格数据、矢量数据。
(5)GIS空间数据库
本部分主要讲述地理信息系统数据结构。

(6)空间分析

本部分主要讲述空间关系、空间分析、地形分析、空间分析操作——叠置分析和缓冲区分析、空间分析操作——网络分析。

(7)GIS 可视化

本部分主要讲述 GIS 的输出、地图符号、专题信息表达、电子地图、空间信息可视化和计算机地图出版系统。

(8)GIS 设计与标准及发展

本部分主要讲述 GIS 设计的步骤、GIS 评价和 GIS 标准化的意义和作用。

(9)软件应用

本部分主要讲述 ArcGIS Desk、SuperMAP Desk、SuperMAP Objects。

(10)交通地理信息系统应用

本部分主要讲述基于百度地图的应用开发、电子地图在交通行业的项目开发。

6.5.3 课程学习目标

本课程的目的是使学生熟悉地理信息系统的一般功能、系统结构和应用方式,了解地理信息系统的知识体系架构、掌握 GIS 数据采集的基本方法、了解 GIS 数据库的基本原理,熟悉空间分析的基本方法、熟悉 GIS 软件、ArcGIS 软件、SuperMap 的基本操作、能够进行简单的二次开发操作;能够利用 GIS 软件进行数据集成、转换、处理,能够利用百度地图等工具进行 GIS 在智能交通领域的二次开发。使学生具备综合运用所学知识在工程实践中发现问题和解决问题的能力;具有一定的创新思路和创业意思,能利用所学知识事物发展提出个人见解;具备团队协作的能力。

本章小结

本章系统阐述了交通设备与控制工程专业的软件开发类课程的基本情况、学时、学分、开课学期的基本要求,课程开设的目的、课程的主要内容,以及教学方式和学习方式,为下一步深入学习该专业的具体专业课程和后续课程的实践奠定了基础。

练习与思考题

1.主流的计算机语言有哪些?如何学好计算机语言?

2.交通仿真能够实现哪些功能?

3.地理信息系统课程在本专业的地位是什么?地理信息系统在智能交通中应用有哪些?

4.目前常用的数据库有哪些?各自的优缺点和适用条件是什么?

第7章 系统集成与开发应用平台——智能交通系统集成

本章学习目标

本章主要阐述智能交通系统集成课程的教学安排以及课程的基础知识、基本理论、系统集成与研发的基本技术和方法以及典型工程案例分析。通过本章的学习,应重点掌握以下内容:

★ 智能交通系统集成的基础知识和基本理论
★ 智能交通系统集成与研发的基本技术和方法
★ 典型的智能交通系统工程应用案例

7.1 课程介绍

智能交通系统集成是智能交通系统集成与开发的平台,也是交通设备与控制工程本科专业的核心专业课之一。本课程主要介绍智能交通系统集成的内涵、组成和基本流程,系统阐述智能交通系统集成的基础知识、基本理论和基本方法,重点分析存储设计和网络传输技术应用、基础建设施工要求、系统软硬件集成与开发的技术方法以及典型的交通设备和系统集成应用案例等。

本课程主要先导课有交通工程学、交通控制单片机、交通信息技术、交通传感技术和智能交通系统等,后续教学环节还有智能交通系统集成课程设计,它是该课程理论教学的延续,是对所学理论知识的巩固、深化和综合应用。通过本课程的学习和课设训练,学生应系统地掌握智能交通系统集成的基础知识、基本理论、系统集成与研发的基本技术和方法等,为毕业设计和今后从事于智能交通及相关领域的设计、研发和技术管理打下良好的基础。

开课安排:建议本课程开设于第6或第7学期,设置56学时,3.5学分。

教学模式:以课堂理论教学为主,以课设实训教学为辅,以案例教学为导向,密切结合智能交通工程实际综合实施教学,以便有效提升教学质量和教学效果。

教学重点:智能交通系统集成的基本知识、基本原理和系统硬件集成与软件开发的基本技术与方法。

教学难点:密切结合工程实践开展智能交通系统集成与设计。

【说明】:本课程涉及的技术领域宽泛,应用技术更新较快,要求学生在课堂理论学习的同时,要积极深入实践,广泛搜集和大量阅读该领域的新技术、新方法、新应用等相关书籍与文献资料,了解技术应用前沿,熟练掌握好智能交通系统集成与设计的主要技术和设计方法。

7.2 课程主要内容

本课程主要阐述了智能交通系统集成的基础知识、系统集成与开发的主要技术和方法、典型交通设备和系统应用工程案例3部分内容。

(1) 基础知识部分:重点阐述智能交通系统集成的内涵、智能交通系统集成的项目建议与可行性分析、项目招投标、项目规划与建设方案、项目设计方案、施工图设计以及典型的设施设备或项目分析等内容。

(2) 主要技术与方法部分:主要分析存储设计和网络传输技术应用、基础建设施工要求、系统软硬件综合集成与开发的技术方法(包括交通设备接口及协议、交通软件设计与实施过程、交通设备硬件集成与调试方法、交通软件架构规划与开发维护)等。

(3) 工程案例部分:重点剖析典型的交通设备应用案例和智能交通系统工程案例,包括有关的交通信息设备、交通监控系统、卡口和电子警察系统、交通信号控制系统、智能公交调度系统、车载导航系统、ETC、交通仿真等,详见本教材的"第三部分 专业应用案例"。

7.3 课程学习目标

本课程的学习目标是:

(1) 熟练掌握智能交通系统的基础知识、基本原理和系统集成与开发的主要技术和方法。

(2) 熟练运用所学的理论、技术与方法,能够结合工程实际,开展交通信息设备设计和智能交通系统硬件集成与软件开发工作,具备协同开展智能交通系统集成与设计的工程技术应用能力。

本章小结

本章介绍了智能交通系统集成课程的教学组织与安排,重点阐述了本课程的主要教学内容,给出了课程学习目标,特别强调学生通过本课程的学习应具备协同开展智能交通系统集成与设计的工程技术应用能力。

练习与思考题

1. 智能交通系统集成课程在本专业的地位是什么?
2. 智能交通系统集成课程的主要教学内容有哪些?
3. 如何理解本课程学习目标要求?
4. 你怎样理解智能交通系统集成在智能交通领域中的应用?

第三部分

专业应用案例

第三部分

第8章　典型的专业应用实例

> **本章学习目标**
>
> 本章介绍智能交通系统集成课程的具体案例，通过本章的学习，应重点掌握以下内容：
> ★ 各专业应用实例的实现功能
> ★ 各专业应用实例的系统组成
> ★ 各专业应用实例所需要的关键技术

本章选取了不同类型的典型智能交通系统案例进行介绍，分别是城市道路交通电子警察管理系统、城市道路交通信号控制系统、不停车收费系统和道路交通仿真系统。

8.1　城市道路交通电子警察管理系统

8.1.1　概述

城市道路交通安全是城市公共交通安全的重要分支。随着机动车辆大规模普及应用，各种与机动车有关的违法事件开始滋生蔓延。以此衍生的道路交通安全问题日益成为社会经济发展中的一个重要制约因素。时至今日，通过各相关部门的共同建设，城市道路交通电子警察系统已经成为非现场执法技术手段中的一个重要组成部分，为公安交警部门有效地减少和杜绝机动车闯红灯等违章行为起到了积极的作用，并在现代交通执法中得到了大量的应用，取得了很大成效。

城市道路交通电子警察系统的应用是道路交通管理中体现科技强警的一项重要举措，它一方面能够缓解日益繁忙的交通勤务管理与警力严重不足之间的矛盾，同时在一定程度上消除了道路交通管理在时间和空间上的盲点，有效地抑制了机动车驾驶员的违章行为。实践证明，电子警察系统的应用取得了良好的社会效应，不但改善了交通效率，对道路交通事故的降低也起到了积极的作用。几年来，一方面电子警察在技术上不断改进，功能上不断完善，性能上不断提高，逐渐成为一种成熟产品；另一方面，在管理上采取了一系列措施，使得电子警察的应用日趋完善，逐渐成为道路交通管理队伍中重要的一员。

下文将详细分析城市道路交通电子警察系统的主要功能、系统组成、关键技术以及本专业的课程知识在该系统中的应用情况。

8.1.2 系统功能、组成与工作流程

一般而言,城市道路交通电子警察系统包括路口数据采集单元、数据传输单元和数据处理中心 3 个部分,系统结构如图 8-1 所示。

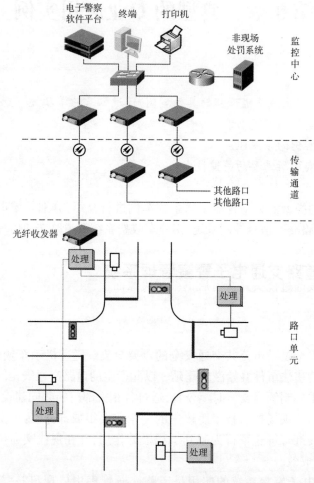

图 8-1　城市道路交通电子警察系统组成图

如图 8-1 所示,电子警察系统的路口数据采集单元主要由视频捕获设备(高清摄像机、标清摄像机、补光灯)、红绿灯检测器和前端主机组成,完成前端数据采集,主要包括红绿灯状态检测、机动车违章行为检测、违章图片抓拍、补光灯控制/结果、违章记录本地储存,以及相关信息网络上传等任务。一般地,在被监控路口的每个方向均安装 1 套设备。

系统的数据传输单元采用独立光纤进行数据传输,即数据采集端获取的数据电信号被转换成光信号,然后经由光纤收发器传输至上层的数据处理中心;同时,数据处理中心下达的控制命令也经由传输光纤发送至前端采集器。在智能化程度高的电子警察系统中,可以在路口数据采集端实现车辆违法信息检测和处理,然后该检测结果经过传输单元发送到数据处理中心。另一方面,电子警察系统的管理人员可以在数据处理中心应用远程管理软件通过传输网络对前端控制设备进行远程管理及设备参数设置。目前,智能的电子警察系统

应用越来越广泛,其智能化水平也日益提高。

电子警察系统的数据处理中心部署了电子警察软件平台(含服务器)、操作终端、打印机等。处理中心也被称为电子警察系统管理平台,负责前端设备数据的接入、处理、查询、打印、流量统计、车辆布控、报警以及对前端设备的管理等。

电子警察系统工作的一般流程是:当前端检测器(线圈检测器或视频检测器)检测到有违章车辆时,触发电子警察的抓拍功能,抓拍的现场图片数据可在前端的处理单元被处理,或者被直接传输至后台的处理中心,处理中心将检测结果(违章车辆车牌号、违章地点和时间、违章类型等)存入服务器,同时自动生成处罚结果,或由电子警察系统管理人员生成处罚结果,处罚结果可经由计算机网络发送给违章车辆驾驶员或其他相关系统中。

8.1.3 系统的关键技术及与专业课程的相关性

城市道路交通电子警察系统的关键技术包括数字图像采集、网络数据传输和数字图像处理技术。数字图像采集技术关系到获取违章现场图像质量好坏,网络数据传输技术涉及系统的数据传输能力,数字图像处理技术则是违章检测结果是否精确的关键。下面将分别介绍这3种关键技术。

1) 关键技术之一:数字图像采集技术

摄像机是电子警察系统路口数据采集单元的核心,通过相机成像完成前端监控场景图像数据的采集。光线通过镜头并折射后汇聚到成像面上,成像面的感光元件将光线转换为电信号,这便是成像过程。目前流行的相机成像技术是CCD成像和CMOS成像。

CCD是电荷耦合器件(Charge Coupled Device)的缩写,它是一种半导体成像器件,因而具有灵敏度高、抗强光、畸变小、体积小、寿命长、抗震动等优点。CCD摄像机按成像色彩划分为彩色摄像机和黑白摄像机两种。除色度处理方面不同外,其他原理基本一致。主要有光学系统、光电转换系统、信号处理系统组成。其中光电转换系统是摄像机的核心。自然图像通过光学镜头成像于摄像机的光靶面上,彩色摄像机的光学系统中使用相干分色棱镜或特殊条状滤色镜将光信号分成红、绿、蓝三色光信号,光电转换系统通过摄像管或CCD元件利用电视扫描方法把光图像信号转换成随时间变化的视频电信号,再经放大、处理、编码而成为全电视信号。

CCD是摄像机的核心器件,因此其性能高低将直接影响摄像机的品质,并且CCD的发展是摄像机更新换代的基础。CCD传感器有两种,第一种是特殊CCD传感器,如红外CCD芯片(红外焦平面阵列器件)、高灵敏度背照式和电子轰击式CCD、EBCCD等,另外还有大靶面如2048×2048、4096×4096可见光CCD传感器、宽光谱范围焦平面阵列传感器等。目前已有商业化产品,并广泛应用于各个领域。第二种是通用型或消费型CCD传感器,在许多方面都有较大的进展,总的方向是提高CCD摄像机的综合性能。

面向未来,CCD传感器的像面尺寸向集成化、轻量化方向的发展。由于制造CCD传感器的硅片和加工成本都很高,所以很希望一片6.5英寸的硅片上光刻出更多的CCD传感器芯片;由于光刻机的进步,所以在仍保持具有很高灵敏度的特性下,CCD传感器的尺寸向1/2英寸、1/3英寸、1/4英寸、1/5英寸的方向发展。在1993年,1/2英寸的CCD传感器占总产量的5%;1/4英寸的CCD传感器占总产量的10%;1/3英寸的CCD传感器占总产量的

85%。在 1997 年,在总产量比 1993 年增加 200% 以上的情况下,1/2 英寸的 CCD 传感器仍有很大发展,已占总产量的 15%(1/2 英寸由于靶面较大仍有许多场合需要,尤其在科研领域中);1/4 英寸的 CCD 传感占总产量的 60%。也就是说,1/2 英寸较大靶面尺寸 CCD 传感器仍有很大增长。1/4 英寸的 CCD 传感器的产量比 1/3 英寸的 CCD 传感器来说,占总产量的比例在减少。

CCD 传感器向高像素数、多制式发展。各种 CCD 传感器的像面尺寸在减少,但其像素数在增加,已由早期的 512(H)×596(V) 向 795(H)×596(V) 发展,甚至出现超过百万像素的 CCD 传感器。为提高水平方向和垂直方向的分辨能力,已从通常的隔行扫描向逐行扫描格式发展。供电电压方面,在初期研制的 CCD 摄像机有 +24V、+22V、+17V 和 +5V 等,目前通用的为 +12V。为配合 PC 摄像机和网络图像传输的应用,逐步以 +12V 和 +5V 两种工作电压为主。

为了降低 CCD 摄像机的制造成本,实现高速自动化生产,制造厂家追求紧密性结构,致力于 CCD 摄像机的小型化,即由 Dip On Board(DOB) 过锡板工艺改进为 Chip On Board(COB) 板上连接 IC 芯片的贴片方式。到目前为止,已实现多层板的 Multi Chip Module(MCM) 多芯片集成模组化制造技术。在制造 CCD 摄像机时,从以往的 Analog 模拟系统逐步实现 DSP 数字化处理,可以借助电子计算机和专门软件系统实现对 CCD 摄像机,特别是对彩色 CCD 摄像机的各种参数的量化调整,可以确保 CCD 摄像机性能指标的优化一致性以及在特殊使用条件下的参数量化修改。

CMOS 是 Complementary Metal Oxide Semiconductor 的缩写,即互补金属氧化物场效应管。20 世纪 70 年代,CCD 图像传感器和 CMOS 图像传感器同时起步。CCD 图像传感器由于灵敏度高、噪声低,逐步成为图像传感器的主流。但由于工艺上的原因,敏感元件和信号处理电路不能集成在同一芯片上,造成由 CCD 图像传感器组装的摄像机体积大、功耗大。CMOS 图像传感器以其体积小、功耗低在图像传感器市场上独树一帜。但最初市场上的 CMOS 图像传感器,一直没有摆脱光照灵敏度低和图像分辨率低的缺点,图像质量无法与 CCD 图像传感器相比。

由于 CMOS 图像传感器的应用,新一代图像系统的开发研制得到了极大的发展,并且随着经济规模的形成,其生产成本也得到降低。现在,CMOS 图像传感器的画面质量也能与 CCD 图像传感器相媲美,这主要归功于图像传感器芯片设计的改进,以及亚微米和深亚微米级设计增加了像素内部的新功能。更确切地说,CMOS 图像传感器应当是一个图像系统。一个典型的 CMOS 图像传感器通常包含:一个图像传感器核心(是将离散信号电平多路传输到一个单一的输出,这与 CCD 图像传感器很相似),所有的时序逻辑、单一时钟及芯片内的可编程功能,比如增益调节、积分时间、窗口和模数转换器。事实上,当一位设计者购买了 CMOS 图像传感器后,他得到的是一个包括图像阵列逻辑寄存器、存储器、定时脉冲发生器和转换器在内的全部系统。与传统的 CCD 图像系统相比,把整个图像系统集成在一块芯片上不仅降低了功耗,而且具有重量较轻,占用空间减少以及总体价格更低的优点。

由于数据传送方式不同,CCD 与 CMOS 传感器在效能与应用上也有诸多差异,这些差异包括:

(1)灵敏度差异。由于 CMOS 传感器的每个像素由四个晶体管与一个感光二极管构成

（含放大器与 A/D 转换电路），使得每个像素的感光区域远小于像素本身的表面积，因此在像素尺寸相同的情况下，CMOS 传感器的灵敏度要低于 CCD 传感器。

（2）成本差异。由于 CMOS 传感器采用一般半导体电路最常用的 CMOS 工艺，可以轻易地将周边电路（如 AGC、CDS、Timing generator，或 DSP 等）集成到传感器芯片中，因此可以节省外围芯片的成本；除此之外，由于 CCD 采用电荷传递的方式传送数据，只要其中有一个像素不能运行，就会导致一整排的数据不能传送，因此控制 CCD 传感器的成品率比 CMOS 传感器困难许多，即使有经验的厂商也很难在产品问世的半年内突破 50% 的水平，因此，CCD 传感器的成本会高于 CMOS 传感器。

（3）分辨率差异。如上所述，CMOS 传感器的每个像素都比 CCD 传感器复杂，其像素尺寸很难达到 CCD 传感器的水平，因此，当我们比较相同尺寸的 CCD 与 CMOS 传感器时，CCD 传感器的分辨率通常会优于 CMOS 传感器的水平。例如，目前市面上 CMOS 传感器最高可达到 210 万像素的水平（Omni Vision 的 OV2610，2002 年 6 月推出），其尺寸为 1/2 英寸，像素尺寸为 4.25μm，但 Sony 在 2002 年 12 月推出了 ICX452，其尺寸与 OV2610 相差不多（1/1.8 英寸），但分辨率却能高达 513 万像素，像素尺寸也只有 2.78mm。

（4）噪声差异。由于 CMOS 传感器的每个感光二极管都需搭配一个放大器，而放大器属于模拟电路，很难让每个放大器所得到的结果保持一致，因此与只有一个放大器放在芯片边缘的 CCD 传感器相比，CMOS 传感器的噪声会增加很多，影响图像品质。

（5）功耗差异。CMOS 传感器的图像采集方式为主动式，感光二极管所产生的电荷会直接由晶体管放大输出，但 CCD 传感器为被动式采集，需外加电压让每个像素中的电荷移动，而此外加电压通常需要达到 12～18V；因此，CCD 传感器除了在电源管理电路设计上的难度更高之外（需外加 power IC），高驱动电压更使其功耗远高于 CMOS 传感器的水平。举例来说，Omni Vision 近期推出的 OV7640（1/4 英寸、VGA），在 30 fps 的速度下运行，功耗仅为 40mW；而致力于低功耗 CCD 传感器的 Sanyo 公司去年推出了 1/7 英寸、CIF 等级的产品，其功耗却仍保持在 90mW 以上，虽然该公司近期将推出 35mW 的新产品，但仍与 CMOS 传感器存在差距，且仍处于样品阶段。

综上所述，CCD 传感器在灵敏度、分辨率、噪声控制等方面都优于 CMOS 传感器，而 CMOS 传感器则具有低成本、低功耗，以及高整合度的特点。不过，随着 CCD 与 CMOS 传感器技术的进步，两者的差异有逐渐缩小的趋势，例如，CCD 传感器一直在功耗上做改进，以应用于移动通信市场；CMOS 传感器则在改善分辨率与灵敏度方面的不足，以应用于更高端的图像产品。

2）关键技术之二：网络传输技术

在电子警察系统中，为了方便在管理平台上控制前端的每一个摄像头，可以使用网络 IP 相机和计算机网络技术实现。IP 摄像机中的 IP 是 Internet Protocol 的缩写，是目前用于计算机网络及 Internet 上最广泛的一种通信协议。IP 摄像机作为一种可生产数字视频流，并将视频流通过有线或无线网络进行传输的摄像机，已经超越了地域的限制，只要有网络都可以进行远程监控及录像，将大大节省安装布线的费用，真正做到远程监控无界限。

网络摄像机结合了互联网技术中先进的网络通信技术和计算机数字多媒体领域中先进的图像语音压缩技术和图像控制技术，实现专业远程监控管理。典型的 IP 相机监控系统采用RJ45接口、TCP/IP、PPPOE等国际标准互联网通信技术协议，适用于ADSL和LAN环境，能够直接架构在局域网、广域网和无线网络上。系统采用了嵌入式实时多任务操作系统，使用了功能强大的CPU完成视频压缩和传输的工作，网络用户通过专用软件或用浏览器直接观看图像，整个过程无须铺设专用视频传输和信号控制电缆，极大地提高了整个监控系统的稳定性和可靠性。通过网络摄像机，授权用户无论是LAN还是WAN，都可以在网络的任何计算机上通过计算机来控制远端系统的云台、镜头方位及镜头焦距、景深和光圈变化，采集现场图像，实施全方位监控。网络摄像机将图像转换为基于TCP/IP网络标准的数据包，使摄像机所摄的画面通过RJ45以太网接口或WLAN无线接口直接传送到网络上，通过网络即可远端监视画面。网络摄像机采用了最先进的摄像技术和网络技术，具有强大的功能。内置的系统软件能实现真正的即插即用，使用户免去了复杂的网络配置；内置的大容量内存储警报触发前的图像；内置的I/O端口和通讯口便于扩充外部周边设备如：门禁系统，红外线感应装置，全方位云台等。

在复杂的城市道路交通电子警察系统中，传输系统的网络结构是工程商和工程设计人员非常关注的问题，常用的电子警察系统网络结构包括以下几种。

(1)星型拓扑，是指各工作站以星型方式连接成网。网络有中央节点，其他节点(工作站、服务器)都与中央节点直接相连，这种结构以中央节点为中心，因此又称为集中式网络。它具有如下特点：结构简单，便于管理；控制简单，便于建网；网络延迟时间较小，传输误差较低。但缺点也是明显的：成本高、可靠性较低、资源共享能力也较差。星形拓扑结构的主要优点有：容易管理维护，重新配置灵活，方便故障检测与隔离。

(2)总线(链型)拓扑，是指各工作站和服务器均挂在一条总线上，各工作站地位平等，无中心节点控制，公用总线上的信息多以基带形式串行传递，其传递方向总是从发送信息的节点开始向两端扩散，如同广播电台发射的信息一样，因此又称广播式计算机网络。各节点在接受信息时都进行地址检查，看是否与自己的工作站地址相符，相符则接收网上的信息。总线型拓扑的网络特点如下：结构简单，可扩充性好。当需要增加节点时，只需要在总线上增加一个分支接口便可与分支节点相连，当总线负载不允许时还可以扩充总线。

(3)环型拓扑，用公共电缆组成一个封闭的环，各节点直接连到环上，信息沿着环按一定方向从一个节点传送到另一个节点。该结构特点有：电缆长度短，只需要将各节点逐次相连。所有站点都能公平访问网络的其他部分，网络性能稳定。缺点为：节点故障会引起全网故障，这是因为数据传输需要通过环上的每一个节点，如某一节点故障，则引起全网故障；节点的加入和撤出过程复杂；介质访问控制协议采用令牌传递的方式，在负载很轻时信道利用率相对较低。

(4)混合模型，根据以上的拓扑结构可以形成树型、网状型、相切环和蜂窝等拓扑结构，我们可以根据具体实际情况，来合理选择这些模型。

3)关键技术之三：数字图像处理技术

电子警察系统的智能化水平之所以越来越高，除了先进的计算机处理技术和网络通信技术提供了愈加强大的计算能力和传输能力之外，数字图像处理技术的成熟应用起到了决定性作用。诸如车牌识别技术、违章行为检测、交通事件检测技术等的实现，都是数字图像处理理论在智能交通领域的成熟应用。

数字图像处理又称为计算机图像处理,它最早出现于20世纪50年代,当时的电子计算机已经发展到一定水平,人们开始利用计算机来处理图形和图像信息。数字图像处理作为一门学科大约形成于20世纪60年代初期。图像处理的基本目的是改善图像的质量,它以人为对象,以改善人的视觉效果为目的。图像处理中,输入的是质量低的图像,输出的是改善质量后的图像,常用的图像处理方法有图像增强、复原、编码、压缩等。图像处理技术在许多应用领域受到广泛重视并取得了重大的开拓性成就,属于这些领域的有航空航天、生物医学工程、工业检测、机器人视觉、公安司法、军事制导、文化艺术等,使图像处理成为一门引人注目、前景远大的新型学科。随着图像处理技术的深入发展,计算机技术和人工智能、思维科学研究的迅速发展,数字图像处理向更高、更深层次发展。随着数字多媒体技术的不断发展,数字图像处理技术被广泛应用于可视电话、电视会议、监控系统、智能交通监控、目标跟踪、机器人导航等各种民用、商用及工业生产领域中。但在这些数字图像处理系统中,一个突出的问题就是数据量庞大,数据处理相关性高,实现实时比较困难。因此图像处理速度成为实时性的主要因素,这就要求实时图像处理系统必须具有强大的运算能力。高性能 DSP 的发展为实时的图像处理提供了一个解决途径。高速 DSP 不仅可以满足在运算性能方面的需要,而且由于 DSP 的可编程性,还可以在硬件一级获得系统设计的极大灵活性。

数字图像处理技术主要包含图像变换、图像编码压缩、图像增强和复原、图像分割、图像分类(识别)等内容。

(1)图像变换。由于图像阵列很大,直接在空间域中进行处理,涉及计算量很大。因此,往往采用各种图像变换的方法,如傅立叶变换、沃尔什变换、离散余弦变换等间接处理技术,将空间域的处理转换为变换域处理,不仅可减少计算量,而且可获得更有效地处理(如傅立叶变换可在频域中进行数字滤波处理)。目前新兴研究的小波变换在时域和频域中都具有良好的局部化特性,它在图像处理中也有着广泛而有效的应用。

(2)图像编码压缩。图像编码压缩技术可减少描述图像的数据量,以便节省图像传输、处理时间和减少所占用的存储器容量。压缩可以在不失真的前提下获得,也可以在允许的失真条件下进行。编码是压缩技术中最重要的方法,它在图像处理技术中是发展最早且比较成熟的技术。

(3)图像增强和复原。图像增强和复原的目的是为了提高图像的质量,如去除噪声、提高图像的清晰度等。图像增强不考虑图像降质的原因,突出图像中所感兴趣的部分。例如,强化图像高频分量,可使图像中物体轮廓清晰、细节明显;强化低频分量可减少图像中噪声影响。图像复原要求对图像降质的原因有一定的了解,一般应根据降质过程建立降质模型,再采用某种滤波方法,恢复或重建原来的图像。

(4)图像分割。图像分割是数字图像处理中的关键技术之一。图像分割是将图像中有意义的特征部分提取出来,其有意义的特征有图像中的边缘、区域等,这是进一步进行图像识别、分析和理解的基础。虽然目前已研究出不少边缘提取、区域分割的方法,但还没有一种普遍适用于各种图像的有效方法。因此,对图像分割的研究还在不断深入之中,是目前图像处理中研究的热点之一。

(5)图像描述。图像描述是图像识别和理解的必要前提。作为最简单的二值图像可采用其几何特性描述物体的特性,一般图像的描述方法采用二维形状描述,它有边界描述和区域描述两类方法。对于特殊的纹理图像可采用二维纹理特征描述。随着图像处理研究的深入发展,已经开始进行三维物体描述的研究,提出了体积描述、表面描述、广义圆柱体描述等方法。

(6)图像分类(识别)。图像分类(识别)属于模式识别的范畴,其主要内容是图像经过某些预处理(增强、复原、压缩)后,进行图像分割和特征提取,从而进行判决分类。

在电子警察系统实际应用中,每一项智能功能的实现都融合了上述的多个内容。如典型的车牌识别技术实现中,需先后经过图像获取、图像预处理、车牌定位与分割、车牌字符提取和字符识别等步骤,其中图像获取需要利用图像解压缩技术,图像预处理需要图像变换、图像增强技术,车牌定位与分割需要图像描述和图像分割技术,字符提取和识别需要运用图像识别技术。当前,随着深度学习和云计算技术的兴起,图像处理在交通监控系统中的应用必然会更加广泛和深入。

上述的电子警察系统关键技术与本专业的课程知识是紧密相关的,电子警察系统作为智能交通集成的典型案例,其中融合了本专业知识体系中的很多课程内容。从系统组成角度而言,电子警察系统的数据采集、传输和处理3个环节应用了本专业的电工与电子技术、交通通信网、交通传感技术、计算机网络和自动控制原理等课程;从电子警察系统的数据处理角度而言,应用了本专业的计算机基础、面向对象程序设计、交通信息数据库和交通监控系统等课程;从电子警察系统在智能交通领域的应用角度而言,应用了本专业的交通工程学、交通管理与控制和智能交通系统等课程。因此,学生在学完主要课程后,一定要经过系统集成案例的学习和实践,努力将专业理论知识转化为专业技能。

8.2 城市道路交通信号控制系统

8.2.1 概述

交通信号(Traffic Signal)在交通工程中具有重要的地位。城市道路交叉口常用的管控方式有无信号控制交叉口、信号控制交叉口、环形交叉口、立体交叉口等几种形式,交通信号控制是道路交叉口最普遍的交通管理形式。通过运用交通信号的方式管理交通,是提高交叉口车流运行秩序和交通安全性、缓解交通拥堵的重要举措,是道路交叉口交通管理的最有效的方法。

8.2.2 系统的分类和组成

城市道路交通信号控制系统的类型按照控制区域可以分为3种,分别是单点信号控制系统、干道交通信号控制系统和区域交通信号控制系统。按照控制方法分为定时控制、感应控制和自适应控制。

(1)单点信号控制系统又称点控(图8-2),每个信号控制机独立控制单个交叉口,与其他信号控制机不联动,是信号控制的最基本形式。该种控制方式适用于交通干扰严重,或者实施线控效果较差的交叉口。单点信号控制又分为固定周期信号控制和感应式信号控制2种。

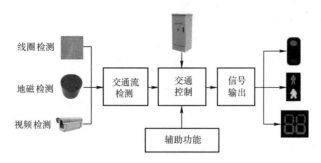

图8-2 单点信号控制系统组成

①固定周期信号控制是最基本的交叉口信号控制方式,将一天的时段划分为几个时间段,每个时间段执行不同的信号周期、绿信比信号控制方案。固定周期信号控制适用于每个时间段内车流基本固定的交叉口,该种控制方式具有设备简单、投资较少、维护方便的特点,现在仍是被广泛采用的一种控制信号;在技术上,这种控制技术的基本原理是其他控制方式配时的基础。

②感应式信号控制(简称感应控制)通过设置感应线圈或者地磁设备感应道路车流量,使信号显示时间适应各个方向交通流量,根据交通流变化进行实时信号控制。感应控制对车辆随机到达的适应性较好,可使车辆在停车线前尽可能少停车,达到交通通畅的效果。感应控制分为全感应式信号控制和半感应式信号控制2种。

感应信号的基本工作原理为当一个相位启亮绿灯时,信号控制器内预设有初期绿灯时间。当初期绿灯结束时,如在一个预置的时间间隔内(这个时间间隔称之为单位绿灯延长时间)无后续车辆到达,则即可切换相位显示红灯。如检测器测到有后续车辆到达,绿灯就延长一个预置的单位绿灯时间;如果连续有车辆持续到达,则连续延长多个单位绿灯延长时间;直至达到一个预置的极限延长时间时,即使检测到后面仍有来车,也中断这个相位的通行权切换相位显示红灯(图8-3)。

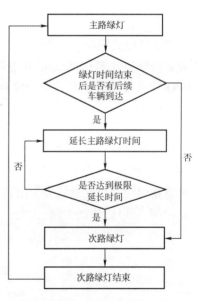

图8-3 主路半感应信号控制流程图

(2)干道交通信号控制系统又称线控,通过将一条干道上相邻几个信号控制机联动起来,进行信号协调控制,提高整个干道的通行效率。目前实行线控较好的道路可以实现不停车一次通过多个左右交叉口,这就是绿波交通。绿波交通是指车流沿干道运行过程中,连续得到一个接一个绿灯信号,畅通无阻的通过干道多个交叉口。一般意义上的绿波是指单向绿波,实现起来较为容易,目前双向绿波的应用也较为广泛。由于干道沿线部分交叉口间距不等,双向绿波比单向绿波实现难度略大,绿波带宽较窄。

(3)区域交通信号控制系统又称面控,通过将某个设定区域内所有交叉口交通信号进行协调控制。面控系统是随着交通控制理论的发展以及交通信息检测、处理技术、通信技术和计算机技术在交通控制领域的广泛应用而逐步发展起来的智能化交通信号控制系统。

区域交通信号控制系统按照控制策略可分为定时脱机式控制系统和感应式联机控制系

统,按照控制方式分为方案选择式和方案形成式。目前比较典型的区域交通信号控制系统有 TRANSYT 系统、澳大利亚的 SCATS 系统和英国的 SCOOT 系统。

①定时脱机式控制系统通过利用历史及现状交通流统计数据进行脱机优化,得到多时段最优信号控制方案,实施交通信号控制。该系统控制方式简单可靠,适用于交通流具有稳定规律的区域交叉口,在随机性变化较大的区域将降低系统的控制效率和使用效果。TRANSYT(Traffic Network Study Tool)系统是较为成熟的脱机定时脱机式控制系统,是目前世界应用最为广泛的固定信号配时系统(图 8-4)。

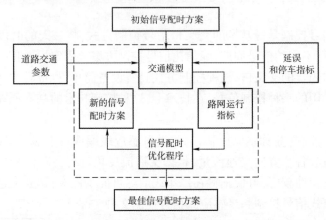

图 8-4　TRANSYT 信号配时流程

②感应式联机控制系统能够检测实时交通流数据,根据交通流变化自动优选信号控制方案。分为方案选择式和方案形成式 2 大类。其中 SCATS 系统为方案选择式的代表,SCOOT 系统为方案形成式的代表。

SCATS(Sydney Co-ordinated Adaptive Traffic System)系统是一种自适应控制系统,是一种实时配时方案选择系统。该系统通过车辆检测装置检测实时交通流状况,能根据实时信号配时优化算法最大限度减少路网车流延误和停驶进行配时参数,进行实时配时方案选择。该系统的结构分为 3 个层次:中央监控中心、区域控制中心和信号控制机。在区域控制中又可将路网信号控制机划分为由若干个子系统组合的相对独立的系统。各个子系统既可以独立控制,又可以协调控制,大大提高了系统本身的控制效率(图 8-5)。

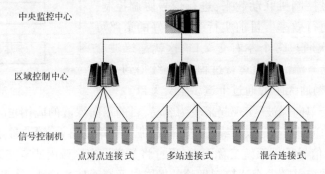

图 8-5　SCATS 系统结构框架

SCOOT(Split Cycle Offset Optimizing Technique)即"绿信比、周期、相位差优化技术",是一种对交通信号网络进行实时协调控制的自适应控制系统。该系统是在 TRANSYT 系统的基础上发展起来的,由英国 TRRL 于 1973 年开始研究开发,1979 年正式投入使用。通过安装在交叉口上游的车辆检测器采集实时车流信息,通过联机处理形成控制方案,连续调整信号配时方案,进行优化协调控制,是一种对交通信号网实行实时协调控制的自适应控制系统。

SCOOT 的模型和优化原理与 TRANSYT 相似。不同点是 SCOOT 为方案形成方式的控制系统,通过安装于各交叉口每条进口道最上游的车辆检测器所采集的车辆到达信息进行联机处理,形成控制方案,连续地实时调整绿信比、周期时长和相位差 3 个参数,使之与变化的交通流相适应。SCOOT 采用小步长渐近寻优优化方法,无须过大的计算量。此外,对交通网络上可能出现的交通拥挤和阻塞情况,SCOOT 有专门的监控措施。它不仅可以随时监视系统各组成部分的工作状态,对故障发出自动报警,而且可以随时向操作人员提供每一个交叉口正在执行的信号配时方案的细节情况、每一周期的车辆排队情况(包括排队队尾的实际位置)以及车流到达图式等信息,也可以在输出终端设备上自动显示这些信息(图 8-6)。

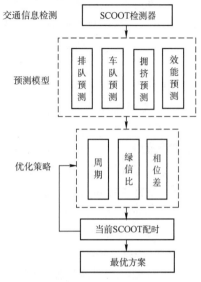

图 8-6　SCOOT 系统流程

8.2.3　系统的关键技术及与专业课程的相关性

交通信号控制的基本原理主要在交通管理与控制课程中详细的讲述,例如最典型的 Webster 信号配时方法。部分院校在交通仿真课程中将讲述信号自动配时软件优化的方法,例如用 Synchro 信号配时软件进行线控信号优化。在开设的交通信号机使用或者智能交通系统集成课程中将讲述交通信号控制机的具体操作。目前国内外信号控制机种类繁多,且更新较快,发展也比较迅速。

1) 信号配时的时间参数

进行信号配时需要考虑多个时间参数,这些参数是进行信号配时的基础和关键,每一个参数都会影响信号配时的准确性。

(1)信号周期是指信号灯按设定的相位顺序显示一周所需要的时间,一般情况下,对于信号控制比较简单的中小型交叉口,信号周期一般控制在 40~60s,对于较为复杂的交叉口一般在 180s 左右。

(2)绿信比是指某信号相位的有效绿灯时间与信号周期的比值,一般情况下用 λ 表示:

$$\lambda = \frac{g_e}{C} \tag{8-1}$$

式中: g_e——有效绿灯时间;

　　　C——信号周期。

(3)黄灯时间通常设置于信号相位中绿灯时间结束之后,提醒驾驶员红灯即将开始。其包括后补偿时间和后损失时间。

(4)全红时间是指交叉口所有进口方向的车道信号灯都为红灯的状态。通常置于黄灯之后,主要是为了清空交叉口。

(5)绿灯间隔时间指一个相位绿灯结束到下一个绿灯相位开始之间的时间间隔。也就是基本间隔时间与路口腾空时间的和。

(6)有效绿灯时间是指与信号相位内可利用的通行时间相等效的理想通行状态所对应的绿灯时长。一般情况下,有效绿灯时间要大于绿灯间隔时间。

(7)损失时间是指信号周期内不可以利用的时间。一般情况下为前后损失时间与全红时间的和。

2)交通流参数

传统的配时方法所需要的参数通常由两部分组成,分别是时间参数和交通流参数,交通流参数的准确性将直接影响到周期的大小。

(1)15min 高峰小时交通量:要求高峰小时分方向分时段流量。

(2)饱和流量:指单位时间内通过交叉口停车线的最大的车流量,与绿信比无关。

(3)通行能力:一般按饱和流量与绿信比的乘积计算。

(4)车道流量比:指实际交通流量与饱和流量之比,反映了车道拥挤程度,也反映了通过停车线所需要的最小时间在周期中的比例,近似等于最小绿信比。

(5)相位交通流量比:某信号周期内某个相位中车道交通流量比最大者,也就是关键车流的流量比。

(6)饱和度:实际流量与通行能力之比,反映交叉口的运行状况,一般处于0.8~0.9时比较好,交叉口总的饱和度是指最高的一个相位的饱和度,当各个相位的饱和度一样时,交叉口总的饱和度达到最小值,这也是信号配时的基本依据。

3)信号周期的计算

一般来说,较长的信号周期有利于提高交叉口通行能力和减少平均停车次数,但是会导致交叉口车辆平均延误的上升。相反,采用较短的信号周期有利于降低交叉口的车辆平均延误时间,但会增加信号损失,从而导致通行能力下降。因此,出于不同的控制策略,周期的选择也有所不同。目前最为广泛的单点交叉口信号周期有3种,分别是最短信号周期、实用信号周期以及Webster信号周期。下面来介绍一下这几种周期的计算方法。

(1)最短信号周期 C_m

一般来说,较长的信号周期有利于提高交叉口的通行能力,那么就一定存在一个信号周期,使其刚好能够满足交叉口的通行要求,任何小于该周期的周期时长都会导致交叉口的通行能力不足,故把上述周期称之为最短信号周期。理想状况下,是最短周期时,一个周期内到达的车辆能够全部通过交叉口,既无滞留车辆,也无富余绿灯时间。因此,最短信号周期恰好等于一个周期内各相位的关键车流通过交叉口所需的有效绿灯时间和总的信号损失时间之和,即:

$$C_m = L_m + C_m \frac{q_1}{S_1} + C_m \frac{q_2}{S_2} + \cdots + C_m \frac{q_n}{S_n} \quad (8\text{-}2)$$

式中:L——信号总损失时间,按式(8-3)计算。

$$L = \sum_{i=1}^{n}(l + I_i - A_i) \quad (8\text{-}3)$$

式中：l——启动损失时间，实测获得，无实测则需要取经验值3s；
I_i——第 i 相位末的绿灯间隔时间；
A_i——第 i 相位末的黄灯时间。

整理可得：

$$C_i = \frac{L}{1 - \sum_{i=1}^{n}\frac{q_i}{S_i}} = \frac{L}{1 - \sum_{i=1}^{n} y_i} = \frac{L}{1-Y} \tag{8-4}$$

式中：q_i——第 i 相位的关键车流(pcu/h)；
s_i——第 i 相位的关键车道组饱和流率(pcu/h)；
y_i——第 i 相位的关键车道组流率比；
Y——周期内所有相位车道组的流率比之和。

最短周期公式的使用要求关键流率比之和 Y 必须小于1，实际应用中，通常要求 $Y \leq 0.9$。当 Y 不满足时应该降低交叉口的 Y，考虑重新优化交叉口的渠化方案。

(2) 实用周期

采用最短信号周期时没有任何富于绿灯时间，缺少通行能力储备。当高峰时段交通流量出现波动时，很容易造成交叉口通行能力不足。为了消除这种隐患，提出了交叉口饱和度控制目标进行信号周期设计的方法。于是产生了实用信号周期的公式：

$$C_P = \frac{L}{1 - \dfrac{Y}{V/C}} \tag{8-5}$$

式中：C_P——实用信号周期(s)；
V/C——交叉口的设计饱和度。

当设计关键车流量考虑高峰小时流量系数时，实用信号周期公式表达式形式可以是：

$$C_P = \frac{L}{1 - \dfrac{Y}{(V/C) \cdot PHF}} \tag{8-6}$$

式中：PHF——高峰小时系数。

上述公式中的饱和度一般要小于1，当交叉口的饱和度为1时，实用信号周期即为最短信号周期，最短信号周期是实用信号周期的一个特例。

(3) Webster 信号周期

Webster 提出的信号交叉口延误计算模型包含了均衡相位平均延误和随机平均延误两部分。因为，Webster 延误模型是一个关于信号周期的模型，则对延误模型的周期 C 求导，并令一阶导数等于0，则整理出了最佳信号周期：

$$C_0 = \frac{1.5L + 5}{1 - Y} \tag{8-7}$$

式中：C_0——最佳信号周期(s)；
L——信号损失时间(s)；
Y——周期内所有相位车道组的流率比之和。

8.2.4 系统的发展趋势

目前交通信号控制系统经历了由单点信号控制向干道交通信号控制和区域交通信号控

制,由定时控制向感应控制和自适应控制的发展过程。随着新的交通采集技术对交通信号控制的推动,已经实现了由传统的线圈检测向地磁、图像、蓝牙等多种采集手段的转变。随着 GPS 和北斗导航定位系统的应用、车联网技术的迅速发展,更为海量、多维度的交通流和车辆信息的采集,为交通信号控制的发展提供新的数据支撑。随着大数据和云计算以及移动互联技术在交通中的应用越来越广泛,基于交控管理、交通控制、多种网络载体的交通信号控制将成为可能,智能交通集成的程度将进一步加深,交通信号控制将逐步由智能化向智慧化方向转变。

8.3 不停车收费系统

8.3.1 概述

电子(不停车)收费系统(Electronic Toll Collection,ETC)是智能交通系统领域中的重要组成,该系统利用车辆自动识别技术完成车辆与收费站之间的无线数据通信,进行车辆自动识别和有关收费数据的交换,通过计算机网络进行收费数据的处理,实现不停车自动收费的全电子收费。由于 ETC 系统涉及交通基础设施投资的回收,同时是缓解收费站交通堵塞"瓶颈"的有效手段,减少了环境污染,所以各国都大力推广不停车收费系统的应用。我国交通部门已经把不停车收费系统的开发和应用列为我国 ITS 领域首先启动的项目,并在"十五"期间列入交通科技的技术创新重点之一。

在 ETC 标准方面国际标准化组织成立了 ISO/TC 204 负责交通信息和控制领域的标准化工作,其中第 15 工作组制定了基于 5.8G RFID 系统的短程通信技术(Dedicated Short Range Communications,DSRC)标准,ETC 系统中的设备通信基本符合这种通信标准。目前世界各国都在积极研究制定适合本国的 DSRC 标准,形成了以欧洲 CEN/TC278、美国 ASTM/IEEE 和日本 ISO/TC204 为核心的 DSRC 标准化体系。我国也致力于适合本国的 DSRC 标准研究,中国电子收费国家标准电子收费专用短程通信(GB/T 20851—2007)于 2007 年 5 月起颁布实施。国家标准及相关规范的发行为各省市进行 ETC 系统的研究、实施和运营指明了技术方向和建设依据,为我国 ETC 行业的发展指明了道路。

ETC 系统是综合运用微波无线通信(或红外或射频)技术、电子技术、计算机网络技术、信息技术、传感技术、图像识别技术等高新技术的先进系统,实现过往车辆无须停车便可自动收取道路通行费用。目前,大多数 ETC 系统均采用微波技术,所以本节主要针对此类系统进行介绍。

8.3.2 系统功能、组成与工作流程关键技术

ETC 不停车收费系统是目前世界上最先进的路桥收费方式。通过安装在车辆挡风玻璃上的车载电子标签与在收费站 ETC 车道上的微波天线之间的微波专用短程通信,利用计算机联网技术与银行进行后台结算处理,从而达到车辆通过路桥收费站不需停车而能交纳路桥费的目的。截至 2018 年 10 月,中国绝大多数省份 ETC 使用率难过半,部分省份不足三成。2019 年 5 月 10 日,交通运输部表示,取消省级收费站后,要确保在今年年底之前,快捷

不停车的使用率达到90%以上,以保证整个路网运行通畅。

与传统人工收费(Manual Toll Collection,简称 MTC)方式相比,ETC 带来的好处体现在多方面,如无须收费广场,节省收费站的占地面积;节省能源消耗,减少停车时的废气排放和对城市环境的污染;降低车辆部件损耗;减少收费人员,降低收费管理单位的管理成本;实现计算机管理,提高收费管理单位的管理水平;对因缺乏收费广场而无条件实施停车收费的场合,有实施收费的可能;无须排队停车,可节省出行人的时间等;避免因停车收费而造成收费口堵塞,形成新的瓶颈等。

ETC 电子收费系统与其他收费系统相比,最显著的区别是增加了车道微波通信系统,借助电子标签,通过路侧设备和车载装置之间的无线通信实现路网与车辆之间的信息交流。ETC 系统主要由车道控制系统、收费站管理系统、收费中心管理系统、中央结算系统以及金融机构组成。

车道控制系统是系统中最前端的系统,由各种前端设备含车道天线、路侧交易控制系统、专用供电模块、过电压保护器等组成,它控制路侧设备与车载机进行读写通信,并根据车辆信息控制辅助装置如自动栏杆、报警装置的开启,同时负责生成和收集系统的收费原始数据信息,并上传到收费站管理系统或收费中心管理系统。

收费站管理系统可与站内所有车道控制系统组成局域网,并通过该网络与收费中心或中央结算中心连接,主要负责对车道过往车辆的收费处理。各个车道控制系统的收费站管理系统对现场实时记录的数据,如收费数据、违章车辆信息数据和监测数据进行分类和汇总,并实时向收费中心管理系统传递。

收费中心管理系统是为了便于业主管理而设置的。通过在高速路段上设置光纤传输网络,在路段中心配置控制中心、专用服务器以及应用软件,形成收费中心管理系统。此系统可以对其下属收费站进行有效监控,同时收集这些收费站的收费数据以及违章车辆信息数据等,并将收集到的数据进行分类汇总,适时向中央结算系统传递。同时接收中央结算系统向下分发的信息数据,并转发到下级收费站。

中央结算系统是电子收费系统的最高管理层,负责管辖范围内所有收费站管理系统的运行状态监控、车辆信息管理、过车记录管理、客户与业主之间的计费信息处理等,并与承办银行之间计算机通信,执行账务结算。

ETC 系统的工作流程大致如此:当车辆进入收费车道入口读写器的工作区时,处于休眠状态的射频标签受到微波激励而开始工作。射频标签响应读写器的请求,以微波的方式发出标签标识和车型代码。读写器接收并确认射频标签有效后,以射频方式发出入口车道代码和时间信息,写入射频标签存储器。当车辆驶入收费车道出口读写器工作区域,经过唤醒、相互认证有效性等过程,读写器读出车型代码以及入口代码和时间,传送给车道控制器。车道控制器核实信息后,计算出此次通行费用,并写入射频标签。与此同时,车道控制器存储原始数据并编辑成数据文件,定时发送给收费站和结算中心。

8.3.3 系统的关键技术及与专业课程的相关性

ETC 电子收费系统中包含了多种技术,其中最主要的是无线射频识别技术(Radio Frequency Identification，RFID)、自动车辆识别技术(Automatic Vehicle Identification，AVI)和自动车型分类技术(Automatic Vehicle Classification，AVC)。

1) 关键技术之一：RFID 射频识别技术

RFID 俗称电子标签，是一种非接触式的自动识别技术，它通过射频信号自动识别目标对象并获取相关数据，识别工作无须人工干预，可工作于各种恶劣环境。RFID 技术可识别高速运动物体并可同时识别多个标签，操作快捷方便。

1948 年哈里斯托克曼发表的利用反射功率的通信奠定了射频识别技术的理论基础。随后，雷达的改进和应用催生了射频识别技术，1948 年奠定了射频识别技术的理论基础。在随后的十年里，射频识别技术主要处于实验室研究阶段。20 世纪 60 年代，射频识别技术的理论得到了发展，开始了一些应用尝试。从 80 年代开始，射频识别技术及产品进入商业应用阶段，各种规模应用出现。在 90 年代，射频识别技术标准化问题日趋得到重视，射频识别产品得到广泛采用，射频识别产品逐渐成为人们生活中的一部分。进入 21 世纪以来，标准化问题日趋为人们所重视，射频识别产品种类更加丰富，有源电子标签、无源电子标签及半无源电子标签均得到发展，电子标签成本不断降低，规模应用行业扩大。至今，射频识别技术的理论得到丰富和完善。单芯片电子标签、多电子标签识读、无线可读可写、无源电子标签的远距离识别、适应高速移动物体的射频识别技术与产品正在成为现实并走向应用。

RFID 系统的基本组成包括电子标签、阅读器和天线 3 部分。标签(Tag)由耦合元件及芯片组成，每个标签具有唯一的电子编码，附着在物体上标识目标对象；阅读器(Reader)是读取(有时还可以写入)标签信息的设备，可设计为手持式或固定式；天线(Antenna)用于在标签和读取器间传递射频信号。RFID 技术的基本工作原理并不复杂，标签进入阅读器的磁场后，接收解读器发出的射频信号，凭借感应电流所获得的能量发送出存储在芯片中的产品信息(Passive Tag，无源标签或被动标签)，或者主动发送某一频率的信号(Active Tag，有源标签或主动标签)；解读器读取信息并解码后，送至中央信息系统进行有关数据处理。

以 RFID 卡片阅读器及电子标签之间的通讯及能量感应方式来看，RFID 大致上可以分成感应耦合(Inductive Coupling)及后向散射耦合(Backscatter Coupling)两种，一般低频的 RFID 大都采用第一种式，而较高频大多采用第二种方式。阅读器根据使用的结构和技术不同可以是读或读/写装置，是 RFID 系统信息控制和处理中心。阅读器通常由耦合模块、收发模块、控制模块和接口单元组成。阅读器和标签应答器之间一般采用半双工通信方式进行信息交换，同时阅读器通过耦合给无源标签提供能量和时序。在实际应用中，可进一步通过 Ethernet 或 WLAN 等实现对物体识别信息的采集、处理及远程传送等管理功能。标签应答器是 RFID 系统的信息载体，目前标签大多是由耦合原件(线圈、微带天线等)和微芯片组成无源单元。

根据 RFID 系统完成的功能不同，可以粗略地把 RFID 系统分成 4 种类型：商品防窃监视器 EAS 系统、便携式数据采集系统、网络系统和定位系统。商品防窃监视器(Electronic Article Surveillance，EAS)是一种设置在需要控制物品出入的门口的 RFID 技术。这种技术的典型应用场合是商店、图书馆、数据中心等地方，当未被授权的人从这些地方非法取走物品时，EAS 系统会发出警告。在应用 EAS 技术时，首先在物品上贴附 EAS 标签，当物品被正常购买或者合法移出时，在结算处通过一定的装置使 EAS 标签失活，物品就可以取走。物品经过装有 EAS 系统的门口时，EAS 装置能自动检测标签的活动性，发现活动性标签 EAS 系统会发出警告。EAS 技术的应用可以有效防止物品的被盗，不管是大件的商品，还是很小的物品。应用 EAS 技术，物品不用再锁在玻璃橱柜里，可以让顾客自由地观看、检查商品，这在自选日益流行的今天有着非常重要的现实意义。便携式数据采集系统是使用带有 RFID 阅读器的手持式数据采集器采集 RFID 标签上的数据。这种系统具有比较大的灵活性，适用于不宜安装固定式 RFID 系统的应用环境。手持式阅读器（数据输入终端）可以在读取数据的同时，通过无线电波数据传输方式（RFDC）实时地向主计算机系统传输数据，也可以暂时将数据存储在阅读器中，然后分批次向主计算机系统传输数据。在物流控制系统中，固定布置的 RFID 阅读器分散布置在给定的区域，并且阅读器直接与数据管理信息系统相连，信号发射机是移动的，一般安装在移动的人或物体表面。当物体、人流经阅读器时，阅读器会自动扫描标签上的信息并把数据信息输入数据管理信息系统存储、分析、处理，达到控制物流的目的。定位系统用于自动化加工系统中的定位以及对车辆、轮船等进行运行定位支持。阅读器放置在移动的车辆、轮船上或者自动化流水线中移动的物料、半成品、成品上，信号发射机嵌入到操作环境的地表下面。信号发射机上存储有位置识别信息，阅读器一般通过无线的方式或者有线的方式连接到主信息管理系统。

  在 ETC 电子收费系统中应用的 RFID 技术是一种专用短程通信（Dedicated Short Range Communication, DSRC）技术，这是一种高效的无线通信技术，它可以实现小范围内图像、语音和数据的实时，准确和可靠的双向传输，将车辆和道路有机连接。

  DSRC 系统包含 3 部分：车载单元（On-Board Unit, OBU），路侧单元（Road-side Unit, RSU）以及专用短程通信协议。顾名思义，车载单元 OBU 安装于目标车辆上，载有车辆身份信息。目前国际上使用的 OBU 种类很多，广泛应用于电子自动收费系统，各种的 OBU 主要差异集中在通信方式和通信频段的不同。OBU 从最初的单片式电子标签，发展到了目前的双片式 IC 卡加 CPU 单元，IC 卡存储账号、余额、交易记录和出入口编号等信息，CPU 单元存储车主、车型等有关的车辆物理参数并为 OBU 和 RSU 之间的高速数据交换提供保障。路侧单元 RSU 指安装在车道旁边或车道上方的通信及计算机设备，其功能是与 OBU 完成实时高速通信，实施车辆自动识别、特定目标检测及图像抓拍等，它通常由设备控制器、天线、抓拍系统、计算机系统及其他辅助设备等组成。DSRC 专用通信链路分为下行链路和上行链路，下行链路指从 RSU 到 OBU 的通信，数据通信速率 500kbit/s；上行链路是从 OBU 到 RSU 的通信，RSU 的天线不断向 OBU 发射 5.8GHz 连续波，其中一部分作为 OBU 的载波，将数据发送回 RSU。DSRC 有两种信息传输形式：主动式和被动式。主动式 DRSC 系统中 RSU 和 OBU 均有振荡器，都可以发射电磁波。当 RSU 向 OBU 发射询问信号后，OBU 利用自身电池能量发射数据给 RSU，主动式 DSRC 技术中 OBU 必须配置电池。被动式 DRSC 系统中，路侧单元设备 RSU 发射电磁信号，车载单元设备 OBU 被激活后进入通信状态，并以一种切换频率反向发送给 RSU，被动式 DSRC 技术中 OBU 电源配置可有可无。

  以定点通信、被动式传输为例，DSRC 系统通信过程大体可以分为建立连接、信息交换、释放连接三个阶段。第一阶段是建立连接。RSU 利用下行链路向 OBU 循环广播发送帧控制信息，确定结构、同步信息和数据链路控制等信息，有效通信区域内的 OBU 被激活后即请求建立连接。RSU 进行有效性确认并发送响应信息给对应的 OBU，否则不响应。OBU 收到响应,立即确认并初始化连接 RSU。RSU 确认该 OBU 相关参数后即可成功连接。第二阶段是信息交换。连接建立后,RSU 分析应用列表调用可用服务的原语进行读/写操作,实现信息交换。在此阶段中,所有帧必须带有 OBU 的私有链路标识,并实施差错控制。可以设置定时器来传计数器,确定重传次数上限。第三阶段是连接释放。RSU 与 OBU 完成所有应用后,删除和链路标识,发出专用通信链路释放指令,由连接释放计时器根据应用服务释放本次连接。

DSRC 以大容量、高速率、低时延的优点,被广泛应用于 ETC 电子收费系统,不仅如此,该技术应用于 ITS 系统是可以提供多种服务:(1)信息提供服务:DSRC 技术提供及时、具体的交通信息,满足多种服务需求,如车辆导航、安全驾驶、车辆调度、紧急车辆处理等。(2)数据交换服务:DSRC 技术不仅可以完成车辆身份信息、电子收费等数据传输,还可以与联网的车道工控机、收费站计算机、结算中心以及管理计算机高效率互通信息。(3)实时检测服务:道路上时刻运行着各类特殊车辆,如违章、盗窃、军警和公安等,所有这些都需要实时检测、严密监控、妥当处理,最大程度地保障人民生命财产安全。(4)数据加密服务:基于 DSRC 技术对需要保密的信息如收费、安全等进行高强度的加密处理,确保信息安全、畅通传输,由此,DSRC 技术可以运用到 ITS 系统中的诸多子项目中,如交通管理、旅行者信息提供、公共运输管理、商用车辆运营、车辆控制与安全、电子收费等。

2)关键技术之二:自动车辆识别技术(AVI)

车辆识别是实现不停车收费系统的核心技术。所谓自动车辆识别就是当车辆通过特殊点时,不需司机或观察者采取任何行动,就能精确快速地识别通过车辆身份的一种技术,它除了在公路自动收费系统中应用外,在公路运输方面(如导航)都有着广阔的潜在应用前景。目前,自动车辆识别有很多实现手段,较常见的包括以下几种:

(1)射频和微波识别技术。射频和微波技术是目前一些自动车辆识别系统的基础,它利用微波通讯技术实现数据代码的传送。车载无线电收发两用装置可以发射或接收不同频率的电波。微波系统的优点是使用高频时,它能够检测出比电感环式检测高出很多的速率传送的数据,这样就增加了系统能够处理的数据量。由于天线的大小与所使用的波长有关,微波收发装置在尺寸上比电感收发装置小。

(2)光学和红外技术。该技术利用装在车辆外面的一个具有代码标志的标签,该标签类似于条形码,车辆身份信息由一系列宽度或颜色变化的线条表示,当车辆经过读取单元时,数量和颜色不同的光被反射到读取单元上,这些光的唯一性被自动分析识别后,以表明识别到车辆的身份代码信息。

(3)电感技术。该技术利用电感耦合实现数据传送。路边读取单元采用传统的线圈作为天线,用于传送信号给车辆或信号从车辆传送给读取单元。电感收发两用机使用简单的线圈或铁氧体检测杆为天线,天线大小与通讯波长有关。

(4)声表面波。表面波技术也是近年来研制的识别系统的技术基础,一个表面波系统由车辆标签,一个带主动式特点的射频读取单元和一个信号处理单元组成,信号处理单元用于翻译标签代码并组成向计算机传输的信息。

(5)图像处理技术。图像处理车辆识别系统由摄像机、图像卡及计算机处理系统组成。由相机摄取的图像传输至计算机系统进行图像的预处理及识别,识别的内容一般包括车牌号码、车型或车颜色。

(6)车载射频标签技术。车载射频标签上有车辆信息、车辆状态以及车主信息等。这个射频标签在全国有唯一的识别号,且该识别号及其信息都存储在公安部门的信息交换网络里,一般情况下处于静止戒备状态,直到车辆被盗或者车主请求交通信息查询才启动。这个识别号能帮助警察识别、追踪被盗抢车辆。

(7)固定式基站识别技术。采用有源微波标签,识读距离能够达到 10~20m。固定基站 AVI 系统一般用于海关、检查站以及交通要道收费站,检查、识别和记录通过的车辆,设备(如读写器、智能控制器、数据传输单元、电源等)安装在车道旁的机房内。当载有 RFID 标签的车辆通过车道时,系统读到标签中的识别号,叠加上通过时间和车道号,存入智能控制器的存储器里。数据传输单元将系统采集到的车辆数据信息通过通信网络传到公安以及交通部门的管理中心(或计算中心),同时将管理中心的控制指令下达到 AVI 系统,决定对车辆的自动放行或进行拦截。

(8)移动式基站识别技术。在一些应用中,如公安刑侦、路政稽查、重要会议安全保卫,需要配备移动式的 AVI 系统,随时开动并停靠在指定的路旁对过往车辆进行突击检查和识别。它的设备配置与 AVI 系统固定基站类似,只是更简化。移动式 AVI 系统可安装在一辆改装的警车上。用手机通过移动通信网,以发短消息的方式,与指挥中心保持通信联系或进行数据信息交换。如果需要报告移动式 AVI 系统的位置,车上也可配置 GPS 接收机,通过 GSM 发短消息的方法,向指挥中心传输移动站的地理位置。

由于不停车收费系统对通信的可靠性要求很高,几乎要求 100% 的可靠,并且是全天候的,同时要求具有较高的数据传输速率,以保证识别的实时性。所以,只有通信能力强,可靠性高且环境适应性强的 AVI 技术才能真正应用于现实中的公路收费系统。世界各国的应用情况表明,在某些技术问题尚未完全解决之前,用于公路不停车收费的自动车辆识别技术仍以微波和红外技术为主。

3)关键技术之三:自动车型分类技术(AVC)

自动车型分类作为实现不停车收费系统的另一核心技术,在自动收费中起着非常重要的作用。自动车型分类系统的主要功能是根据制定的车辆分型标准,对过往收费站的各种车辆进行信息采集,然后根据这些信息对车辆进行自动分型。目前,根据系统中采用的车辆传感器技术不同,AVC 系统可分为许多种类型,比较典型的包括:

(1)动态称重技术。通过在车道路面的框架内安装压力敏感元件来测量车辆轴重。目前众多公司正在积极研究和应用。

(2)光束检测技术。采用红外光束收发完成。当车辆通过光束的时候,光束被阻断,用于判断车辆的抵达和车辆的高度。

(3)光幕检测技术。采用垂直平行多条光束,形成光幕检测车辆的到达和车辆的外形。在车道边安装发射装置,对面安装接收装置。当车辆通过阻断光束时,能够产生车辆的二维轮廓图形,并能检测出拖挂车辆。

(4)激光扫描技术。激光扫描器安装在车道的正上方,扫描器以 600~700 次/秒的频率不停地扫描进入检测区域的车辆外形,并通过前后两束已知间距的激光束自动测量车辆的长、宽、高,该技术以车身体积为主要参数。

（5）图像识别技术。利用摄像机拍摄通过车辆的视频图像，再由图像处理技术提取车辆的物理参数，进行分类。这种技术比较复杂，车型判别时间较长，当车流复杂时无法保证其可靠性。

以上便是 ETC 系统中的三项关键技术和主要实现手段，实现这些技术所需的理论知识在本专业的课程体系中都有体现。比如，RFID 射频识别技术所需的传感器知识、无线通信理论知识和单片机开发知识等分别对应本专业的交通传感技术、交通通信网和交通控制单片机课程。自动车辆识别和自动车型分类技术中所需的自动控制和图像处理等知识与本专业的自动控制原理和交通监控系统等课程相对应。

8.3.4　系统的应用前景

在我国，ETC 技术随着高速公路建设不断发展，2015 年全国联网后更是成为各省高速公路重要的缴费方式，目前 ETC 缴费占比超 35%。ETC 技术以其自动化程度高、免停车快速通行等特点逐渐被高速公路营运方、车辆用户所接受，但我国 ETC 技术主要布局于收费站车道，还没有探索 ETC 自由流化收费的大规模应用实践。

我国收费公路 ETC 技术借鉴于邻国日本，日本在 21 世纪初开始采用两片式组合 ETC 收费技术，即"电子标签（OBU）+ IC 卡"模式，该技术更安全、灵活，起步阶段在 ETC 车道覆盖率低的情况下，可取出 IC 卡作为通行介质。两片式组合收费模式在发展初期适应我国高速公路建设国情，在 ETC 车道覆盖率极低的情况下可满足 ETC 用户通行需求，但目前全国 ETC 车道覆盖率超过 95%（广东 98.2%），主线和省界站已达到 99%（广东 100%），大部分用户在绝大部分通行时不再需要取出 IC，两片式组合 ETC 收费技术的灵活性特质在我国现阶段表现不再突出。相反，因交易时与车载单元（OBU）和 IC 卡安全认证带来的多次通信握手、IC 卡自身读写异常所带来的通行问题越来越突出。据统计，ETC 车道异常超 60% 与 IC 卡相关。

我国 ETC 车道建设规模不够超前，日本高速公路绝大部分为 ETC 收费，每个收费站仅保留一条人工自助收费车道，而我国 ETC 车道级覆盖率（ETC 车道占总车道比例）不足三成（广东 25.2%），绝大部分收费站仅有"1 入 1 出"2 条 ETC 车道。随着车流量不断增长，单条 ETC 车道通行能力饱和，广东珠江三角洲地区多条 ETC 车道日均通行量超过 1 万车次，很多城市重要出入口收费站 ETC 日均通行量超过 5000 车次，部分时段出现 ETC 车道排队情况。ETC 车道不可能无限制建设下去，特别是经济发达地区重要城市出入口（如广东珠江三角洲区域）受收费站规模、物理车道条数等因素限制，必须依靠 ETC 技术自身突破。

随着手机移动支付技术的发展，各行各业无现金支付比例越来越高，而高速公路收费长期以来只有现金和 ETC 支付两种模式，车辆用户要求高速公路行业兼容手机移动支付的呼声不断提高。近年来，采用后台绑定移动支付账户、前端借助"高清图像识别 + 地图信息技术（GIS）"实现不停车收费的创新实践在很多省份如火如荼开展，特别是在大型互联网公司推动下，如支付宝在河南等地推出的无感支付，微信在山东推出的互联网不停车移动支付（Internet Toll Collection，ITC）等，对 ETC 技术发展提出了不小的挑战。而公安部电子车牌技术（基于 RFID 技术）已在多地开展试验，相关标准已出台，同为车辆身份的微波识别技术，如果在全国机动车推行实施并与支付打通，可能直接取代现有 ETC 收费技术。同时，国家大力推行北斗高精度导航技术应用,交通运输部也要求高速公路行业研究该技术在收费、道路拯救、养护等方面的应用,这也将对 ETC 技术产生威胁。总而言之,如果 ETC 技术不能适应新技术、新业态发展,将很有可能被其他新型收费技术跨界取代。

ETC 技术应该充分发挥自身技术特点,即电子标签识别率高(99% 以上,日本达到 99.99%,远高于高清图像识别)、交易安全可靠性高、可实现无收费站的自由流收费(欧美国家已普遍采用)。ETC 技术发展创新,一是要彻底改变目前国标 ETC 交易模式,改两片式组合 ETC 收费为"电子标签识别 + 后台账户扣费"模式,大幅降低国标 ETC 核心交易时间,减少 IC 卡片交易耗时并大幅降低异常率,提高 ETC 整体通行效率。二是改变目前单 ETC 车道交易的技术模式,将 ETC 前置于收费匝道或主线,通过与收费站所有车道的组合联动,在不突破现有国标 ETC 技术的前提下,实现以距离换速度、以冗余交易换成功率的目的,同时大幅降低收费站 ETC 建设成本,缓解 ETC 车道与公路半自动车道收费系统(Manual Toll Collection system,MTC)建设平衡的矛盾,提高收费站整体通行效率。

8.4 道路交通仿真系统

8.4.1 概述

交通仿真是以道路工程、交通流理论、系统工程等学科的基本理论为基础,以计算机软件为工具,利用系统仿真的方法模拟道路交通系统,通过虚拟现实技术再现交通场景,具有数字化、直观化、可视化的特点。

交通仿真适用于无法通过交通调查得到数据或者较难获得数据的科研项目,也适用于建成后可能花费较大人力、物力的大型项目的可行性仿真分析,通过交通仿真的方法模拟各种假定交通场景的交通状况,判定哪种方案更加可行合理,进而获得所需要的交通评估结果。

交通仿真技术的分类从不同的角度可以有多种分类方法,主要的分类有以下 5 种。

(1)从交通仿真模型对研究对象描述细致程度,交通仿真可以分为微观交通仿真、中观交通仿真和宏观交通仿真。

微观交通仿真主要采用跟驰模型、超车模型和变换车道模型等描述交通流;宏观交通仿真主要采用出行路径选择模型、交通流量分配模型等描述交通流。

(2)从仿真技术角度,交通仿真可以分为连续时间仿真和离散时间仿真。

(3)从仿真实现的方式,交通仿真可以分为 Agent 理论仿真、多媒体技术仿真和人机交互方式仿真。

(4)从解决问题的对象来说,交通仿真可以分为交叉口交通仿真、路段交通仿真和综合路网交通仿真。

(5)从仿真应用的研究范围来说,交通仿真可以分为交通安全仿真、交通拥堵仿真、交通污染仿真、交通规划仿真、交通控制仿真、驾驶员行为仿真等。

目前宏观交通仿真和微观交通仿真是交通仿真的主流,比较有代表性的是 VISSIM、TransModeler 和 TransCAD。其中很多公司正实现宏观和微观仿真软件的相互导入和结合设置。

VISSIM软件是PTV公司(德国)研发的一种微观、基于时间间隔和驾驶者行为的具有仿真模拟性质的软件,可用于建模和分析各种条件下(交通构成、公交车站、交通信号、车道设置等)城市与公共交通的运行状况,是城市规划方案和交通工程设计的高效且实用的工具。

8.4.2 系统功能、组成与工作过程

1) 系统功能

VISSIM微观仿真系统具有以下功能:

(1) 模拟交通流在分析路段上的运行情况

在对交通路段模拟时,可以再现交通流在路段上的运行状况,可以直观地表现车流的密集程度、拥挤状况和排队状况等。

(2) 模拟公交专道和公交车的运行情况

通过设定公交车的发车间隔时间、车辆在公交站点处的停车时间、公共汽车的停靠站、公交专道的走向及公交车路线、每个停靠站的上、下客量分布等模拟公交车和公交专道的运转状况。

(3) 模拟分析交通流在交叉路口处的运行情况

VISSIM系统不仅能够模拟各类(立交、环交、平交等)交叉路口,还可模拟在不同的交通控制方式(如停让控制、停车控制、信号控制等)、不同的速度限制以及减速区、不同的信号配时方案等条件下,交叉口车流的运行状况。系统不但可以输入定时信号控制方式,也可以采用感应信号的控制方式(图8-7、图8-8)。

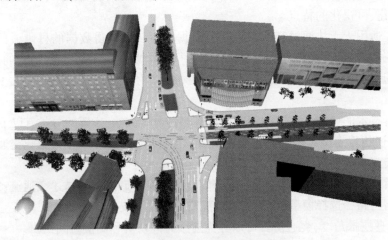

图8-7 VISSIM仿真软件对交叉口模拟

(4) 模拟停车场、地下通道以及公共汽车站的状况

VISSIM的运行仿真可以对停车场、地下通道以及公共汽车站的设计方案进行模拟,对场(站)的使用时段、规模、选址等条件的合理性及可行性状况进行评估。

(5) 模拟行人与非机动车交通流的运行情况

这是VISSIM区别于其他仿真系统的一大显著的优点。我国自行车和行人数量多,自行车与行人对机动车交通流的影响非常大。VISSIM可以模拟路段上的行人与非机动车交通流(图8-9)。

图 8-8 VISSIM 仿真软件对环形交叉口模拟

图 8-9 VISSIM 仿真软件对行人和非机动车模拟

（6）为各种交通规划、改造和设计方案输送决策支持力

VISSIM 可对路网、交叉路口、路段以及一系列交通信号控制的规划、改造和设计方案进行模拟，不但能评价仿真方案的有效性及合理性，而且可从微观上预知其实施后的效果。VISSIM 在进行方案实施前后的效果对比时，显得尤为重要。可通过对各种方案反复进行模拟来持续优化完善，获得最优方案。

（7）实现二维和三维交通仿真

VISSIM 能在二维与三维画面之间任意切换与动画显示，并可在任意时间段、路段和场景仿真动画文件制作。其另一优势则是能在任意时间段的仿真回放三维仿真显示。此外，该系统的仿真动画文件可以根据研发人员的需要制作任意场景、视角和时段的动画。

（8）模拟各类形象、逼真的三维实体

VISSIM 除仿真车辆与行人两大交通实体以外，还可生动形象的仿真其旁边的树木、花草等实物，并通过将系统叠加在被仿真的路网系统平面图上，从而使其仿真效果达到最佳状态。

2）系统模块构成

VISSIM 软件系统是大量模块构成的，这些模块分别承担着不一样的功能。

（1）车辆定义模块

车辆定义模块是对仿真车辆参数进行的定义，包含车型构成（公共汽车、大货车、小型汽车等),每种类型的车辆亦可根据车体的尺寸设计和标准的不同细分为若干不同的类型,例如小型汽车就有十几种类型。该模块可对每种类型的车辆实行详细设置,如车辆的前后轮胎之间的距离、长度、宽度等。

(2)车速分布模块

用于定义各类车辆的车速分布,期望车速用区间符号表达出来。

(3)车辆跟驰模块

车辆跟驰模块,用于定义并设置车辆跟驰的行为。VISSIM 软件引入了卡尔斯鲁厄大学(德国)的 Wiedemann 跟驰模型。

(4)驾驶行为模块

这个用作定义驾驶员的驾驶行为。VISSIM 软件是一个随机的、离散的、将驾驶员和车辆看成完整的个体、以 0.01 秒为时间间隔的微观仿真系统。此系统把驾驶员的驾驶行为分成 4 种。

①自由行驶。此行驶方式是指前方车辆对后面行驶车辆没有任何影响的状况下,驾驶员往往会想达到并一直保持在一个恒定的车速,此车速即为理想型的车速。然而实际来说,驾驶员并不能长久维持自由行驶状况下的车速,另外由于驾驶员意外或不当的驾驶操作,车辆的自由车速会在理想型的行驶速度附近进行波动。

②制动行为。若前后两车的距离小于理想的安全距离时,后车则紧急制动以防止与前车相撞。

③接近前方车辆行驶。此驾驶行为往往发生在后车的速度高于前车,当后车接近前车时,为使两车达到相同速度,且保持理想安全的行驶距离,后车需要减速。

④跟驰行驶。此驾驶行为指一辆车跟随前车行驶且无明显的减速或加速的驾驶行为。这时跟驰车的驾驶员应尽量保持安全距离,但是由于后车驾驶员对前车行驶速度的判断存在偏差,前后两车的车速将有细微的不同。

(5)车道变换模块

VISSIM 在多车道路段上可以用多种方式来仿真车道的变换。若前车以低速行驶且使后车车速低于理想型的车速时,行驶员将试着变换车道。首先,驾驶员会观察变换车道能否提高车速;其次,驾驶员会察看变换车道是否有危险。如若驾驶员发现无上述状况,则会尝试变换车道。

(6)动态分配模块

此模块可以对实时交通的情况仿真,并且能影响驾驶员对路径的选择,亦可真实反映交通流运行状况。但其功能并不完善,仍在进一步研发中。

(7)交通量定义模块

此模块包含了每种交通的车速及交通组成的定义,各路段的输入交通量采用混合交通量,即绝对交通量。

3)工作过程

交通仿真系统是一个复杂的、随机的动态变化系统,仿真系统的实现是一个循环过程,主要步骤包括:

(1)交通问题分析。

(2)数据的收集和处理,包括道路信息和交通信息数据采集、统计和处理。
(3)仿真模型的建立,包括建立交通仿真路网、输入交通流量信息等。
(4)仿真参数的选取,包括让行规则、信号参数、路径、限速等参数的输入。
(5)仿真运行,包括仿真运行参数的调整、仿真运行。
(6)仿真结果分析,包括仿真评价参数的设置、仿真结果的输出与处理等。

8.4.3 系统的关键技术及与专业课程的相关性

交通流仿真通过构建车辆的通行环境(道路网、交通控制、限速等)、驾驶员行为(跟车、换道超车等)、车辆性能特性、交通需求特性等交通要素的计算机模型,通过再现或预演交通流在不同的交通运行状况。

(1)网络元素,比如路段和车道、公共汽车站、泊车及让路标志、交通信号灯的编号和位置、路径选择信息、车辆检测器的编号和位置等均可通过系统所供给的各种工具箱进行定义。

(2)车辆在路网中借助交通流模型运行,交通流模型的精确程度直接影响到仿真的质量。相对于速度基本恒定且车辆跟随过程固定的简单模型,VISSIM采用了Wiedemann(1974)交通跟驰模型,并将该模型定义为嵌入的驾驶行为模块。这种模型的基本思想基于驾驶意识,高速行驶车辆的驾驶员根据前车的速度调整本车的车速。在多车道情况下,VISSIM模型中的驾驶员不仅要考虑前方行驶的车辆,而且还要考虑相邻两车道的车辆。

交通仿真课程应用到了道路属性、交通属性、车辆属性的相关知识,应用知识面比较宽。道路工程、交通工程学和汽车概论等课程的学习将为更好的理解交通仿真课程打下基础。

8.4.4 系统应用前景

VISSIM为一款专业化的交通系统微观仿真软件系统,可以在城市道路系统(如快速路、普通城市道路、各类交叉路口)、公路系统(如高速公路、普通公路、各类交叉路口)、区域内的各种路网系统(如公交网络系统、轨道网络系统)等进行应用。

(1)在高速公路中的应用

VISSIM已在高速公路系统应用,可应用于整个立交设计方案的可行性研究以及高速公路匝道进出口的控制、运营分析,但最重要的是研究和测试高速公路上车道数量减少的施工区域、位置和短时因事故而造成暂时封锁的道路以及限速区的交通流状况。

(2)在交叉口的应用

VISSIM可便捷地用于信号灯控制的交叉口、无信号控制的交叉口和立交设施方案的优化、设计、评价以及比选。也可以评估区域交通信号控制系统及绿波系统的有效性和可行性。

(3)在城市道路上的应用

VISSIM可以对城市普通道路与快速路的交通流进行模拟。

(4)其他

其他应用包括各种道路优先系统分析、道路收费设施分析、可变信息的影响分析和路径诱导等。

目前,我国一些城市(北京、上海、广州、武汉、济南、哈尔滨等)的科研院所或机构已先后引进了 VISSIM 系统,其在城市道路、公路及高速公路、交叉路口及城市立交系统综合改善方案的评价、设计及优化等多方面获得了充分应用,VISSIM 在我国的应用范围广泛。

本章小结

本章系统阐述了交通设备与控制工程专业的智能交通系统集成实践案例,介绍了几种主流的智能交通集成系统的基本情况、系统的功能和组成、系统的关键技术、与专业课程的相关性以及应用前景,为下一步深入学习具体实践案例奠定了基础。

练习与思考题

1. 智能交通系统集成系统有哪些?
2. 城市道路交通电子警察管理系统的组成和功能是什么?
3. 目前主流的城市道路交通信号控制系统有哪几种,其组成和功能是什么?
4. 不停车收费系统的组成和功能是什么?
5. 交通仿真能够实现什么功能?

第四部分

创新创业

第9章 大学生创新创业与成长

> **本章学习目标**
>
> 本章介绍大学生创新创业与成长类课程以及各门课程包含的主要知识,通过本章的学习,应重点掌握以下内容:
> ★ 大学生创新创业与成长类课程包含的具体课程
> ★ 学习大学生职业生涯规划类课程的目的
> ★ 学习大学生职业生涯规划类课程的主要知识点

大学教育是每个人教育经历中的关键环节。接受大学教育的对象绝大部分是有了基础教育背景,即将承担社会责任的青年人。通过大学教育,学生们不仅要获取相应的专业知识,还应该在毕业后顺利地完成从学生向职场人士的身份转变,做好毕业后运用专业知识和技能打造个人职业生涯的准备。因此,在大学教育中,除了必要的公共基础课和专业课程的教学,还应该教育学生如何正确规划未来的职业生涯。此外,为了响应国家创新创业的号召,大学教育中也应该包含相应的课程。

本文仅以山东交通学院的交通设备与控制工程专业为例,介绍如何在大学教育中体现职业生涯规划教育和创新创业教育,具体而言,下文将介绍已经开设的大学生职业生涯规划、就业指导和创业指导三门必选课程。

9.1 大学生职业生涯规划

本课程开设于第1学期,教育新入学的大一学生如何规划好今后四年的大学生涯和毕业后的职业生涯。

"职业目标是什么?""怎样才能达到职业目标?"这几乎是困扰所有大学生的问题。若能尽早思考"去哪里"和"如何去",并着手开始准备,那么毕业时大学生们就能多一份从容、少一份迷茫。

职业生涯规划就是一门解开同学们心中疑惑的课程。本课程的真谛在于让大学生深刻了解自己、分析自己,找准自己的定位,梳理适合的方向,探索实现的路径。尽早科学地开展职业生涯规划,可以让大学生活更有规律、更有目的、更有实效,既可以避免无所事事的迷茫,也可以避免千头万绪的纷乱。

在我国,生涯规划还是一个比较新的概念。对此,很多大学生都存在"生涯规划离自己很遥远"的认识误区。其实,生涯规划适用于每一个人,而且越早开始越好。生涯规划的功能在于为人生设定目标,并设定为达成目标所需要采取的步骤。一旦有了目标,一个人就容易集中全部的潜能和资源去实现它,成功的可能性也会因此增加。

本课程通过对当前本科毕业生就业现状与形势进行分析,以增强学生就业创业能力为引领,以引导学生合理规划个人职业生涯发展为主线,采用理论与实践相结合的方式设计教学内容,通过知识讲授、案例分析等活动项目来组织教学,教育学生确立正确的职业发展目标,为实现学生职业发展和职业成功打下基础。

通过课程学习,学生应能认清当前大学生就业形势,了解大学学习和生活的特点,能理解职业与专业的关系,能进行自我管理,能理解和评价职业道德与职业理想,能掌握职业生涯规划与设计的基本方法。在此基础上,学生能够了解未来职业角色的知识和能力要求,建立积极正确的职业态度,从而能够树立自己的专业意识,增加专业兴趣,初步确定就业去向。并能够主动学习与同学、老师、上级、同事建立良好合作关系的方法和技巧,有目的地锻炼自己创业的勇气和开拓创新精神。

9.2 创业指导

本课程开设于第3学期,教育学生了解创业的环境分析、创业项目与模式的选择、创业计划书的制定、创业团队建设等,使学生具备创业所必需的基本知识和技能,增强其适应职业变化的能力和继续学习的能力。

大学生的创新能力主要包括创新思维能力、非智力因素、创新实践能力这三个方面。大学生的创新能力培养必须从这三个方面着手。

创新思维能力是大学创新能力培养的关键。因为人的一切创新都来源于思维的创新。创新思维包括逻辑思维与非逻辑思维。创新思维能力培养包括逻辑思维训练和非逻辑思维训练。培养逻辑思维能力与非逻辑思维能力的关键在于养成逻辑思维与非逻辑思维的习惯。充足理由律是划分逻辑思维和非逻辑思维的一个根本标准,培养非逻辑思维能力的关键在于养成没有充足理由就得出结论的思维习惯。因此,可以说我们为大学生的非逻辑思维能力这一创新思维的关键因素的培养提供了一个基本的原则,而非逻辑思维能力在很多人看来是不能培养的。

非智力因素是指智慧要素以外的、影响智慧活动效果的一切心理因素,主要包括动机、兴趣、情感、意志、性格五种基本的心理因素。这些非智力因素对于人们创新思维与创新实践的成功都具有重要的意义。

大学生要在社会的创新实践中获得成功,还必须学会做人,正确处理好个人与社会、个人与他人、理想与现实、理论与实际等关系,形成良好的个性,保持健康的心理,做合格的社会公民,培养较强的创新实践能力。大学生还需要认清国情,做一个适应时代需要的人。

创业就是开创新事业,是创新能力在实践中的体现。人们通常把创业理解为创建一家企业,事实上,具有创业精神与技能对任何企业,不管是大企业还是小企业、公共企业还是私营企业、营利还是非营利、地方企业还是跨国公司,都至关重要。换言之,创业活动并不局限于新企业的创建,成熟企业、事业单位都存在或需要创业精神与活动。创业的本质是不拘泥于当前资源条件的限制而对机会的追寻,是将不同的资源组合并创造价值的过程。

通过课程的学习,学生能了解创业的含义和意义,了解创业者需具备的素质和能力,能分析市场机会、分析创业环境,能合理选择创业项目并撰写创业计划书,还能了解创业常用的融资方法和组建创业团队的方法。进而,学生能够掌握创业的一般流程,熟悉企业常见的组织形式,市场营销的方式,以及相关的法律法规。在学习了创业的基本理论和方法基础上,学生可以通过创新创业的实践比赛锻炼自身能力。具体而言,学生应能根据自身优势选择合适的创业机会,能选择合适的创业项目和模式,能编制合理的创业计划书,能设计出合理的创业团队方案,能根据创业的不同阶段制定不同的营销策略,能进行虚拟的财务预测和资本预算,能根据创业中的常见风险提出应对方案。

9.3 就业指导

本课程开设于第 7 学期,为学生顺利找到工作做铺垫。积极做好大学生就业指导工作,引导和帮助大学生顺利就业、正确就业、成功创业,是解决大学生就业的一个重要途径,也是帮助大学生实现全面发展的重要手段。

本课程将对学生的职业发展进行规划与指导。首先,教育学生了解自己的人格特质、兴趣、性格、能力、价值观等,从而根据自己的兴趣爱好、成长经历选择合适的职业。其次,根据个人的特点和对专业知识的掌握,制定短期和长期的职业发展目标,并在现实生活中不断检验其可行性。再次,以社会需求为导向,学会推销自己,学习简历的准备,熟悉面试的技巧,学习如何求职、就业与创业,以及如何可持续发展等。本课程还将帮助学生树立正确的职业观和就业观,职业观决定学生的职业态度和工作态度,就业观决定就业心态和就业选择。帮助学生树立正确的职业观和就业观,就能帮助学生正确的做出职业和就业选择,实现自身的价值。本课程开设的最终目的是通过对学生进行职业教育、职业意识和职业精神的培养和训练,使学生掌握求职与创业必备的知识、能力和技巧,成功就业与创业。

具体而言,本课程内容可包含如下环节:

(1)使学生了解就业指导的目的、形势、内容及基本要求,认识就业指导的重要意义和作用,能够积极参与、配合就业指导教师的训练活动。指导学生归纳、整理就业和未来个人职业发展中可能面临的各种问题。

(2)职业与就业政策指导。通过对学生进行职业意识教育和就业政策指导,学生了解就业方针、政策和形式,职业资格证书制度和就业准入制度,树立学历证书和职业资格证书并重的意识;了解就业方向和就业途径,劳动关系与个人权益保护等法律、法规,树立正确的职业观和就业观。

(3)职业意识训练与指导。重点围绕工作责任感、规范意识以及服务意识养成三个主题,帮助学生树立良好的职业道德意识,深刻理解现代企业文化特征,增强职业适应性。

(4)团队协作与人际沟通指导。重点围绕沟通与团队合作两个主题,帮助学生树立良好的人际关系沟通意识和团队合作意识,提高职业适应性。

(5)就业技能的基础指导。通过就业技能的基础性指导,进行就业及求职过程的基本能力的强化训练,提高学生竞争就业意识和能力。从用人单位的需求角度,帮助毕业生完善个人职业形象,培养良好的职业素质。学生能够根据个人实际情况,撰写标准的求职简历和自荐信。学生学会掌握面试基本技能,了解求职面试的全过程。学生熟悉多种求职途径,掌握每一种途径的步骤、方法和基本技巧。

本章小结

本章系统阐述了交通设备与控制工程专业的大学生创新创业与成长课程的开设目的和主要内容,为下一步深入大学生创业和就业奠定了基础。

练习与思考题

1. 大学生职业生涯规划课程的主要内容是什么?
2. 创业指导和就业指导课程对于大学生将来的发展具有哪些指导意义?
3. 大学生应该以哪一种心态进行将来的就业和创业?

参 考 文 献

[1] 教育部高等学校教学指导委员会. 普通高等学校本科专业类教学质量国家标准[M]. 北京:高等教育出版社,2018.

[2] 同济大学数学系. 高等数学[M]. 7版. 北京:高等教育出版社,2016.

[3] 吴赣昌. 高等数学(理工类·简明版)[M]. 5版. 北京:中国人民大学出版社,2017.

[4] 林建华,等. 高等数学[M]. 北京:北京大学出版社,2014.

[5] 吴钦宽,孙福数,翁连贵. 高等数学[M]. 北京:科学出版社,2010.

[6] 傅英定,钟守铭. 高等数学(下册)[M]. 成都:电子科技大学出版社,2007.

[7] 朱来义. 微积分[M]. 北京:高等教育出版社,2010.

[8] 王喜仓,刘勇. 计算机辅助设计与绘图(AutoCAD2011版)[M]. 北京:中国水利水电出版社,2010.

[9] 王喜仓,于利民. 工程制图[M]. 北京:中国水利水电出版社,2006.

[10] 刘朝儒,等. 机械制图[M]. 北京:高等教育出版社,2001.

[11] 郑树棠. 新视野大学英语[M]. 3版. 北京:外语教学与研究出版社,2015.

[12] 东南大学等七所工科院校. 物理学(上册)[M]. 6版. 北京:高等教育出版社,2014.

[13] 刘建科,李险峰. 大学物理[M]. 北京:科学出版社,2011.

[14] 吴百诗. 大学物理(上册)[M]. 西安:西安交通大学出版社,2009.

[15] 苟秉聪,胡海云. 大学物理(下册)[M]. 北京:国防工业出版社,2011.

[16] 戴剑锋,等. 大学应用物理学[M]. 北京:科学出版社,2010.

[17] 吴百诗. 大学物理(下册)[M]. 西安:西安交通大学出版社,2009.

[18] 原所佳. 大学物理实验教程[M]. 北京:高等教育出版社,2014.

[19] 殷志坚,易小杰,周珊珊. 大学物理实验[M]. 长沙:中南大学出版社,2013.

[20] 郑友进. 普通物理实验教程[M]. 北京:高等教育出版社,2012.

[21] 任福田. 交通工程学[M]. 3版. 北京:人民交通出版社股份有限公司,2017.

[22] 陈宽民,严宝杰. 道路通行能力分析[M]. 北京:人民交通出版社,2003.

[23] 王笑京,齐彤岩,蔡华. 智能交通系统体系框架原理与应用[M]. 北京:中国铁道出版社,2004.

[24] Horowitz E, Sahni S. Fundamentals of Data Structures[M]. Pitmen Publishing Limited,1976.

[25] Aho A V, Hopcroft J E, Ullman J D. Data Structures and Algorithms[M]. Addison-Wesley Publishing Company, Inc.,1983.

[26] Stubbs D F, Wibre N W. Data Structures with Abstract Data Types and Pascal[M]. Brooks/Cole Publishing Company,1985.

[27] 康会光. SQL Server 2008中文版标准教程[M]. 北京:清华大学出版社,2009.

[28] 王征. SQL Server 2008中文版关系数据库基础与实践教程[M]. 北京:电子工业出

版,2009.

[29] 张俊玲.数据库原理与应用[M].北京:清华大学出版社,2005.

[30] 王明复,孙培雷.大学生职业生涯规划与求职指导[M].北京:清华大学出版社,2012.

[31] 潘旭阳,袁龙,初冬青.大学生职业生涯发展素质训练[M].天津:南开大学出版社,2014.

[32] 魏勇,王万江.大学生职业生涯规划与发展教程[M].南京:南京大学出版社,2013.

[33] 杨晓光,白玉,等.交通设计[M].北京:人民交通出版社,2010.

[34] 李峻利.交通工程设施设计[M].北京:人民交通出版社,2004.

[35] 王建国.城市设计[M].3版.南京:东南大学出版社,2011.

[36] 杨久龄,刘会学.道路交通标志和标线应用指南[M].北京:中国标准出版社,1999.

[37] 翟忠民.道路交通组织优化[M].北京:人民交通出版社,2004.

[38] 吴兵,李晔.交通管理与控制[M].5版.北京:人民交通出版社股份有限公司,2015.

[39] 张殿业.道路交通安全管理规划指南[M].北京:人民交通出版社,2005.

[40] 全永燊.城市交通控制[M].北京:人民交通出版社,1989.

[41] 蔡志理.交通工程CAD[M].北京:人民交通出版社股份有限公司,2014.

[42] 程绪琦,王建华,刘志峰,等.AutoCAD2010标注教程[M].北京:电子工业出版社,2010.

[43] 开思网.AutoCAD2010应用大全[M].北京:中国青年出版社,2010.

[44] 姜勇,王辉辉.AutoCAD快捷命令速查手册[M].北京:人民邮电出版社,2010.

[45] 汤小丹,梁红兵,等.计算机操作系统[M].4版,西安:西安电子科技大学出版社,2014.

[46] 黄干平,陈洛资,等.计算机操作系统[M].北京:科学出版社,1989.

[47] 张尧学,史美林.计算机操作系统教程[M].2版.北京:清华大学出版社,2000.

[48] Abraham Silberschatz.操作系统概念[M].郑扣根,译.北京:高等教育出版社,2010.

[49] 胡运权.运筹学教程[M].5版.北京:清华大学出版社,2018.

[50] 徐玖平,胡知能,王緌.运筹学[M].3版.北京:科学出版社,2010.

[51] 岳超源.决策理论与方法[M].北京:科学出版社,2003.

[52] 马克思主义基本原理概论编写组.马克思主义基本原理概论(2018版)[M].北京:高等教育出版社,2018.

[53] 中国近现代纲要编写组.中国近现代史纲要(2018版)[M].北京:高等教育出版社,2018.

[54] 毛泽东思想和中国特色社会主义理论体系概论编写组.毛泽东思想和中国特色社会主义理论体系概论(2018版)[M].北京:高等教育出版社,2018.

[55] 思想道德修养与法律基础编写组.思想道德修养与法律基础(2018版)[M].北京:高等教育出版社,2018.

[56] 朱云生,张清学.形式与政策[M].北京:科学出版社,2018.

[57] 周若涛,徐强.高校军事理论与国防交通教程[M].北京:人民交通出版社股份有限公司,2015.

[58] 谭浩强.C程序设计[M].5版.北京:清华大学出版社,2017.

[59] 谭浩强.C 程序设计教程[M].北京:清华大学出版社,2007.

[60] 谭浩强.C 程序设计题解与上机指导[M].3 版.北京:清华大学出版社,2015.

[61] C 编写组.常用 C 语言用法速查手册[M].北京:龙门书局,1999.

[62] 赵全利.单片机原理及应用教程[M].3 版.北京:机械工业出版社,2016.

[63] 马忠梅,等.单片机的 C 语言应用程序设计[M].4 版.北京:北京航空航天大学出版社,2017.

[64] 李群芳,肖看.单片机原理、接口及应用—嵌入式系统技术基础[M].北京:清华大学出版社,2005.

[65] 赵全利.微型计算机原理及接口技术[M].北京:机械工业出版社,2009.

[66] 秦增煌.电工学(上册)[M].7 版.北京:高等教育出版社,2009.

[67] 姚海滨.电工技术[M].2 版.北京:高等教育出版社,2004.

[68] 沈世锐.电路与电机[M].北京:高等教育出版社,1986.

[69] 孙文卿,朱承高.电工学试题汇编[M].北京:高等教育出版社,1993.

[70] 毕淑娥.电工与电子技术基础[M].3 版.哈尔滨:哈尔滨工业大学出版社,2008.

[71] 秦增煌.电工学(下册)[M].7 版.北京:高等教育出版社,2009.

[72] 刘全忠.电子技术[M].2 版.北京:高等教育出版社,2004.

[73] 叶挺秀,张伯尧.电工电子学[M].2 版.北京:高等教育出版社,2004.

[74] 孙骆生.电工学基本教程[M].4 版.北京:高等教育出版社,2008.

[75] 林渭勋.电力电子技术基础[M].北京:机械工业出版社,1990.

[76] 欧冬秀.交通信息技术[M].2 版.上海:同济大学出版社,2014.

[77] 陆化普,李瑞敏,朱茵.智能交通系统概论[M].北京:中国铁道出版社,2004.

[78] 张树京,欧冬秀,毛倩.信息传输技术原理及应用[M].北京:电子工业出版社,2011.

[79] 杨兆升.基础交通信息融合技术及其应用[M].北京:中国铁道出版社,2005.

[80] 姜桂艳.道路交通状态判别技术及应用[M].北京:人民交通出版社,2004.

[81] 汤国安,赵牡丹,等.地理信息系统[M].2 版.北京:科学出版社,2010.

[82] 牟乃夏,刘文宝,等.地理信息系统教程[M].北京:测绘出版社,2012.

[83] 吴立新,史文忠.地理信息系统原理与算法[M].北京:科学出版社,2003.

[84] 梅安新,彭望琭,等.遥感概论[M].北京:高等教育出版社,2001.

[85] 孟令奎,史文中,等.网络地理信息系统原理与技术[M].北京:科学出版社,2005.

[86] 王化一,杨西侠.自动控制原理[M].3 版.北京:国防工业出版社,2017.

[87] 王化一,杨西侠.自动控制原理习题详解与考研辅导[M].北京:国防工业出版社,2014.

[88] 胡寿松.自动控制原理[M].6 版.北京:科学出版社,2015.

[89] 孙亮.自动控制原理[M].3 版.北京:高教学出版社,2011.

[90] 刘文定,谢克明.自动控制原理[M].3 版.北京:电子工业出版社,2013.

[91] 颜月霞.城市轨道交通综合监控系统[M].北京:人民交通出版社股份有限公司,2015.

[92] 许登元,蒲树祯,李益才.交通通信系统[M].四川:西南交通大学出版社,2012.

[93] 樊昌信,曹丽娜.通信原理[M].北京:国防工业出版社,2008.

[94] 王秉钧,冯玉珉,田宝玉.通信原理[M].北京:清华大学出版社,2006.
[95] 叶芝慧.信息论与编码[M].北京:电子工业大学,2011.
[96] 孙利民,李建中,陈渝等.无线传感器网络[M].北京:清华大学出版社,2005.
[97] 邵春福.交通规划原理[M].2版.北京:中国铁道出版社,2014.
[98] 杨兆升.交通规划方法[M].北京:人民交通出版社,1996.
[99] 陆化普.交通规划模型与方法[M].北京:清华大学出版社,2006.
[100] 关宏志.非集计模型—交通行为分析工具[M].北京:人民交通出版社,2004.
[101] 杨少伟.道路立体交叉规划与设计[M].北京:人民交通出版社,2000.
[102] 唐勇,李贞涛.大学生就业指导[M].上海:华东师范大学出版社,2016.
[103] 陈敏.大学生创业设计[M].上海:上海中医药大学出版社,2007.
[104] 孙乐.创业指导[M].北京:人民邮电出版社,2004.
[105] 李学东,潘玉香.大学生创业项目[M].北京:经济科学出版社,2006.
[106] 常烨.成功创业指南[M].北京:中国物资出版社,2010.
[107] 梁国华.交通工程设施设计[M].北京:人民交通出版社股份有限公司,2014.
[108] 孟祥海,李洪平.交通工程设施设计[M].3版.哈尔滨:哈尔滨工业大学出版社,2013,
[109] 李俊利.交通工程设施设计[M].北京:人民交通出版社,2001.
[110] 丁柏群.交通工程设施设计[M].北京:人民交通出版社股份有限公司,2018.
[111] 刘博航,安桂江.交通仿真实验教程[M].2版.北京:人民交通出版社股份有限公司,2015.
[112] 任其亮,刘博航.交通仿真[M].北京:人民交通出版社,2013.
[113] 裴玉龙.交通工程专业外语[M].北京:人民交通出版社,2002.
[114] 任福田.道路通行能力手册(HCM1985)[M].北京:中国建筑工业出版社,1991.
[115] 李嘉.专业外语[M].北京:人民交通出版社,1996.
[116] 赵永平.道路工程英语[M].北京:人民交通出版社,1999.
[117] 任福田,刘小明,孙立山.交通工程学[M].3版.北京:人民交通出版社股份有限公司,2018.
[118] 中华人民共和国交通运输部.城市道路交通标志和标线设置规范:GB 51038—2015[S].北京:中国计划出版社,2015.
[119] 中华人民共和国交通运输部.道路交通标志和标线 第4部分:作业区:GB 5768.4—2017[S].北京:中国计划出版社,2017.